新・教職課程演習　　第 21 巻

中等音楽科教育，中等美術科教育，
中等家庭科教育，中学技術分野教育，
中等保健体育科教育，高校情報科教育，
中等総合的な学習／探究の時間

筑波大学体育系准教授　宮崎　明世
広島大学大学院准教授　岩田昌太郎　編著

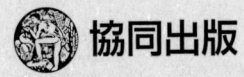
協同出版

刊行の趣旨

　教育は未来を創造する子どもたちを育む重要な営みである。それゆえ，いつの時代においても高い資質・能力を備えた教師を養成することが要請される。本『新・教職課程演習』全22巻は，こうした要請に応えることを目的として，主として教職課程受講者のために編集された演習シリーズである。

　本シリーズは，明治時代から我が国の教員養成の中核を担ってきた旧東京高等師範学校及び旧東京文理科大学の伝統を受け継ぐ筑波大学大学院人間総合科学研究科及び大学院教育研究科と，旧広島高等師範学校及び旧広島文理科大学の伝統を受け継ぐ広島大学大学院人間社会科学研究科（旧大学院教育学研究科）に所属する教員が連携して出版するものである。このような歴史と伝統を有し，教員養成に関する教育研究をリードする両大学の教員が連携協力して，我が国の教員養成の質向上を図るための教職課程の書籍を刊行するのは，歴史上初の試みである。

　本シリーズは，基礎的科目9巻，教科教育法12巻，教育実習・教職実践演習1巻の全22巻で構成されている。各巻の執筆に当たっては，学部の教職課程受講者のレポート作成や学期末試験の参考になる内容，そして教職大学院や教育系大学院の受験準備に役立つ内容，及び大学で受講する授業と学校現場での指導とのギャップを架橋する内容を目指すこととした。そのため，両大学の監修者2名と副監修者4名が，各巻の編者として各大学から原則として1名ずつ依頼し，編者が各巻のテーマに最も適任の方に執筆を依頼した。そして，各巻で具体的な質問項目（Q）を設定し，それに対する解答（A）を与えるという演習形式で執筆していただいた。いずれの巻のどのQ&Aもわかりやすく読み応えのあるものとなっている。本演習書のスタイルは，旧『講座教職課程演習』（協同出版）を踏襲するものである。

　本演習書の刊行は，顧問の野上智行先生（広島大学監事，元神戸大学長），アドバイザーの大髙泉先生（筑波大学名誉教授，常磐大学大学院人間科学研究科長）と髙橋超先生（広島大学名誉教授，比治山学園理事），並びに副監修者の筑波大学人間系教授の浜田博文先生と井田仁康先生，広島大学名誉教授の深澤広明先生と広島大学大学院教授の棚橋健治先生のご理解とご支援による賜物である。また，協同出版株式会社の小貫輝雄社長には，この連携出版を強力に後押しし，辛抱強く見守っていただいた。厚くお礼申し上げたい。

2021年4月

監修者　筑波大学人間系教授　　清水　美憲

広島大学大学院教授　　小山　正孝

序文

　子どもたちを取り巻く社会環境が急激に変化する中，2020年には新型コロナウイルスの世界的な感染拡大により，世界中でこれまでの常識が覆されるような事態となりました。教育界では，2017年，2018年の学習指導要領の改訂を受けて，段階的に施行が始まるこの時期に，兼ねてから計画されていた「GIGAスクール構想」つまり「学校情報化」についても，ネット環境やオンライン教材の整備の必要に迫られることになり，児童生徒1人1台のタブレット端末の確保も急激に進められました。このような社会の急激な変化，しかもこれまでに比して「劇的」ともいえる事態に直面して，教育界や学校にも変革が求められ，多くの課題が突き付けられました。それに伴って，教師に求められる資質・能力も変化しています。教師が対応しなければならない課題は，学校におけるICTへの対応のみならず，ICTの発達・普及に対応する教育内容と方法，教材の開発やプログラミング教育などさまざまな面に渡ります。その一方で，このような社会だからこそ見直されるべき側面もあります。当たり前の日常が簡単に崩れ去ったことで，命をつなぐこと，健康を維持促進すること，心身ともに健康に暮らすための生活や文化，その大切さが改めて認識されることとなりました。学校教育においてこのような教育を担うのが，文化・生活・身体に関わる教科である本巻の教育分野です。これらの教科は，多様性を認めることが求められるこれからの社会では，「よりよく生きるための力」を身に付けるための教科として重要な意義があります。その意義を見直し，より充実した教育を推進するために，教育内容の整理や教育方法の検討や改善，その成果の検証を続けていくことが求められます。

　さて，本巻は，主として中学校・高等学校の音楽科，美術科，家庭科，技術科（中学校技術分野），保健体育科，高校情報科，さらに総合的な学習／探究の時間から構成されています。他の巻にはない，複数の教科というだけ

1

でなく，中学校・高等学校の多校種に渡る教科・分野を扱っているところに特徴があります。教科は中学校と高等学校で異なるものもあり，より複雑な構成といえます。各章の内容は原則として，「教科・分野の目標」，「内容構成」，「指導法」，「評価法」等の教科における基礎，今回の学習指導要領改訂の特徴でもある，各教科の「見方・考え方」，さらにそれらを踏まえた実践的な「指導計画」，「教材研究の視点」，「教師として求められる資質・能力」などとしました。各節の中に具体的な問いを立て，それに応答する形で構成されています。それぞれの問いの回答を対応させるとともに，発達段階による違いにも着目して学習することをお勧めします。また，「見方・考え方」については，2017年，2018年の改訂で初めて示された考え方で，各教科の固有な内容について詳しく解説しています。これから教職を目指すみなさんはもちろん，教師として，より学びを深めるためにも有用な具体的な内容構成となっておりますので，ニーズに応じてご活用いただければ幸いです。

　各分野の専門家である素晴らしい執筆者のご協力はもちろん，各教科の編集に当たりましては，音楽科では伊藤真先生（広島大学大学院准教授），笹野恵理子先生（立命館大学教授），美術科では石﨑和宏先生（筑波大学芸術系教授），三根和浪先生（広島大学大学院准教授），家庭科では鈴木明子先生（広島大学大学院教授），河村美穂先生（埼玉大学教授），技術科（中学技術分野）および高校情報科では谷田親彦先生（広島大学大学院准教授）に大変お世話になりました。発刊に際し，ここにお礼を申し上げ，結語といたします。

2021年8月

編者　宮崎明世・岩田昌太郎

新・教職課程演習　第21巻
中等音楽科教育，中等美術科教育，中等家庭科教育，中学技術分野教育，
中等保健体育科教育，高校情報科教育，中等総合的な学習／探究の時間

目次

第3章　家庭科

第6章　高校情報科

第7章　総合的な学習／探究の時間

第 1 章

音楽科

Q1 音楽科の特質について述べなさい

1．音や音楽の知覚・感受

　音楽科の特質の第一は，音や音楽を素材として，それらに関わる情報を扱うことである。聴覚的情報としての音や音楽は，音の高さや長さ，強さ，音色などの多様な物理的要素が互いに関連し合って，私たちに一定の印象や意味を与える。

　日常生活にありふれた音（生活音や物音などの環境音）には，台所で料理をするときの音，近所で子どもが遊んでいるときの音などのように，人間の生活の営みの中で生まれるものもあれば，雨風が吹きすさむときの音，田んぼでカエルが鳴いている音などのように，人間を取り巻く自然や環境の諸現象として存在するものもある。これらの音の物理的側面を捉えてみると，私たちは「一定間隔で鳴り響く硬い音」や「雑音の混ざった強い音」などのように感じるだろう。そして，それらの音響に自らの解釈を加え，「お母さんが台所で野菜を切っている，穏やかな印象」や「台風が近づき，雷とともに雨が激しく降っている，怖い印象」などのように，個人的な意味付けを行うだろう。

　このように私たちは，身の回りの音現象についてその物理的情報を捉えた上で，そこから「自分にとっての関わり」を認識しているのである。このことは，日常生活にありふれた音に限らず，作曲家などによって作曲された音楽作品にも同様である。ただし，多くの場合は表現したいこと（作曲の意図）に応じて，物理的要素が意図的に操作される。

2．美的感覚

　第二の特質は，音や音楽の情報を扱うことを中心に，美的感覚を位置づけることである。中等教育においては，初等教育の学習課題を引き継いで，拍節感，リズム感，和声感などの音楽的感覚や，音の高低や強弱，音色などを

識別する聴取力を育成するとともに，さらなる美的感覚の育成に焦点が当てられる。これは，音楽そのものがもつ美的要素を多様な学習活動を通して捉え，自らの中に再構築する高次の認識・思考過程と言える。私たちが日常的に鑑賞したり演奏したりする音楽には，作曲者の感情が伴っており，また演奏者はその感情を捉えながら，さらに自らの感情を伴わせて表現する。音楽とは人間の感情を美的な方法によって表出したものであるから，私たちが音楽科において音楽に向き合うときには，絶えず美的感覚によって音楽を捉え，美的感覚をとおした活動によって思考することが目指される。言い換えると，音楽学習のあらゆる局面において，美的な価値判断が行われるのである。

3．協働をとおした社会性の発達

　さらに，第三の特質は，他者と協働して学習を進めることである。音楽の楽しさは，大勢の人数によるアンサンブルの中で，その集団への帰属意識をもちながら，責任をもって演奏し，感動経験を得るところにある。生徒は目標に向かってクラス全員で音楽に取り組む中で，他者受容感を高め，さらに自己存在感や自己肯定感を強化していく。また，全員で演奏に取り組み，鳴り響く音楽に身を包まれながら，目標を達成したときに生起する感動体験は音楽科特有のものである。このような協働を通した学習活動は，音楽に向かう動機づけにもなり，生徒が生涯にわたって音楽を愛好する態度を形成する土台となる。

　音楽科は，音楽特有の協働的な学習を通して，音楽そのものを学ぶとともに，生徒がお互いに異なる価値観を学び，音楽的能力の差を認識し，補足し合いながら，社会性を発達させていく教科と言うことができる。これは音楽科の機能的側面であるが，他の教科にはない音楽科の特質とも言える。

（伊藤　真）

Q2 音楽科における教科の目標について述べなさい

1．平成29年改訂中学校学習指導要領における音楽科の目標

（1）資質・能力の育成

　中学校の音楽科の最終的な目標は，「生活や社会の中の音楽，音楽文化と豊かに関わる資質・能力」を育成することである。私たちの身の回りには，様々な音楽があふれている。音楽とは人間の生活の営みの中で生み出されてきたものであり，時代背景や地理的状況，生活様式，思想，宗教，娯楽などを含んだ「文化」そのものであると言ってよい。例えば，伝統音楽には現代の大衆音楽とは異なる音楽の背景をもっており，さらに各時代の人々の生活様式に応じて多様なジャンルに分かれている。このような音楽は，現代に生きる私たちの生活とは異なる状況の中で生み出された音楽であり，独自の文化を含んでいると捉えることができる。これは一例に過ぎないが，私たちがそのような多様な文化背景をもつ音楽と関わることは，具体的にどのようなことを指すのだろうか。

（2）生活や社会の中の音楽，音楽文化と関わること

　まず，音楽を人間の生活の営みの中で生まれてきた「文化」として捉えることである。異なる時代の音楽や，異なる地域の音楽など，それぞれの音楽には固有の価値と文化がある。その固有の価値と文化をありのままに受け入れ，尊重することは，音楽とそれを成立させる文化の多様性を理解することにつながるだろう。

　次に，多様性を理解する中で，自分の文化とは何か，その文化にはどのような価値が認められるのかを相対的に再認識することである。このことは，音楽科での学びを通して，自分自身がどのように生きていくか，またどのように社会と関わっていくかを考えることを意味している。

（3）幅広い音楽活動と音楽的な見方・考え方

　学習指導要領には，このような「生活や社会の中の音楽，音楽文化と豊か

に関わる資質・能力」を育成する方法として，「表現及び鑑賞の幅広い活動を通して」学習を行うこと，また「音楽的な見方・考え方を働かせ」た学習活動を形成することが示されている。

　多様な音楽や音楽文化と関わるためには，その学習形態も多様である必要がある。扱う音楽の範囲は，人間の文化の多様さに応じて無限に広がる。伝統音楽を含む我が国の音楽と諸外国の音楽を包括的に扱いながら，その多様性に気づき，それぞれに興味関心をもつこと，そして歌唱，器楽，創作，鑑賞の活動を通して音楽の多様性に迫ることが望まれる。

　その際に，音楽の美的側面を感じ取りながら，音楽の諸要素に基づいて音楽を捉え，自分の価値観や自分を取り巻く社会や文化と関わらせて音楽に向き合う視点が重要となる。この視点に基づいて学習活動を形成することによって，知識や技能は表面的な理解ではなく，実感を伴ったリアルなものとして習得されるのである。

2．平成 30 年改訂高等学校学習指導要領における芸術科（音楽）の目標

　中学校と同様に，高等学校においても「生活や社会の中の芸術や芸術文化と豊かに関わる資質・能力」を育成することが目標の中核である。その中で，獲得される知識と技能は，単にものごとを知ることや手順ではなく，実感を伴って，経験的に獲得され，実際に自らの意志に基づいて使えるものでなければならない。また，音楽の芸術性や美的価値を深く認識したり，なぜ人間には芸術が必要なのか，どのように芸術を自らの生活に関わらせながら生きていくべきかなどを思考したりすることが目指される。そのためには，国内外の多様な音楽を扱い，美的感覚を働かせて主体的に価値づけを行っていくことが重要である。

（伊藤　真）

Q3 音楽科の各学年の目標について，資質・能力の視点から述べなさい

1. 中学校の各学年の目標

　学年の目標は，育成を目指す3つの資質・能力に基づいて，「知識及び技能」の習得に関する目標，「思考力，判断力，表現力等」の育成に関する目標，「学びに向かう力，人間性等」の涵養に関する目標で構成される。

（1）知識及び技能

　まず「知識の習得」としては，曲想（＝音楽固有の雰囲気や表情，味わいなど）と音楽の構造がどのように関わっているのかを理解すること，多様な音楽文化とその特徴から生じる豊かさを理解することが目指される。次に「技能の習得」としては，自らの表現の意図に応じて適切に活用される技能を身につけることが目指される。例えば，優しい雰囲気で表現したい場合に，歌唱であればのどの奥を開けて鼻に響かせるように静かに声を出したり，リコーダーであれば息をうまくコントロールして音の高さを保ちながら，音と音をつなげるようになめらかに吹いたりできるようにしたい。

（2）思考力，判断力，表現力等

　「表現領域」と「鑑賞領域」に分けて述べる。「表現領域」に関しては，音色，リズム，速度，旋律，テクスチュア，強弱，形式，構成などの音楽を形作っている要素やそれらの関連を知覚し，それらの働きから生じる特質や雰囲気を感受することによって音楽を深く理解した上で，音楽表現を創意工夫することが目指される。「鑑賞領域」に関しては，知覚・感受したことをもとに，美的感覚を伴う価値づけをしながら聴くことが目指される。

（3）学びに向かう力，人間性等

　ここでは，①「主体的・協働的に学習に取り組む」こと，②「音楽文化に親しむ」こと，③「音楽によって生活を明るく豊かなものにしていく態度を養う」こと，「音楽に親しんでいく態度を養う（第2・3学年）」ことが示さ

れている。1点目については，音楽科の学習や生徒の生活における音や音楽に主体的に関わる態度を育成すること，また他者との関わりの中で行われる音楽学習において意見交流をしたり相互に共感したりしながら表現活動や鑑賞活動を行っていく態度を育成することが目指される。2点目については，音楽が人間の生活の中で生み出されてきたことに着目し，地域性や歴史，その音楽を取り巻く人々の生活様式などから影響を受けた，音楽の文化性を感じ取り，それらの多様性を尊重する態度の育成が目指される。3点目については，生徒が自らの生活に音楽を関わらせながら，生涯にわたって明るく豊かな生活を送る態度を育成することが目指される。

2．高等学校の科目の目標

　高等学校では，中学校音楽科における学習を基礎として，同じ3つの資質・能力について，音楽Ⅰ・Ⅱ・Ⅲの各科目の目標が示されている。

　「知識及び技能」の習得については，音楽のイメージと音楽の構造や背景の関連性や，音楽文化に応じた音楽の多様性を理解すること，自らの表現意図を表現する際に活用可能な技能を習得することが目指される。

　「思考力，判断力，表現力等」の育成については，新たな知識・技能や生活経験を生かして，表現意図を明確にすること，音楽の雰囲気やイメージを音楽の構造や背景と関連させて美的な価値づけを行うことが目指される。

　「学びに向かう力，人間性等」の涵養については，他者との交流や共感を重視した学習活動に取り組みながら，生涯にわたって自立的に音楽やそれを取り巻く社会に関わり，音楽の美的価値を認識する感性を高め，自文化・他文化の多様な音楽文化を尊重し，自らの生活や社会の中で音楽を用いて明るく豊かな生活を送ることが目指される。

　これらは中学校の目標と連続し，音楽ⅠからⅢにかけて発展していく。

（伊藤　真）

Q4 音楽科の内容構成について述べなさい

1．指導内容の枠組み

　人間は特定の社会の中で，その文化を学習することによって自己を形成するが，子どもの「学びの内容」とは，一口で言ってこの文化のことである。そして中でも，学校において学ばれる内容を「教育内容」と呼んでいる。すなわち，「教育内容」とは，一定の教育目的（教育的価値）に従って，意図的に選択された文化の内容を指す。

　2017／18（平成29／30）年３月に告示された中学校・高等学校学習指導要領において，音楽科（中学校）ならびに芸術科音楽（高等学校）の指導内容は，「A表現」「B鑑賞」の２領域，及び〔共通事項〕で構成されている。「A表現」は，歌唱，器楽，創作の３つの分野からなる。〔共通事項〕は，表現及び鑑賞の学習において共通に必要となる内容である。高等学校芸術科音楽においては，2018（平成30）年改訂学習指導要領において新設された。

表1-4-1　2017／18（平成29／30）年改訂学習指導要領における
　　　　中学校音楽科及び高等学校音楽科の構造

		知識及び技能		思考力，判断力，表現力等	学びに向かう力，人間性等
目標		(1)		(2)	(3)
内容	A表現 (1) 歌唱	イ (ｱ)(ｲ)(ｳ)	ウ (ｱ)(ｲ)(ｳ)	ア	
	A表現 (2) 器楽	イ (ｱ)(ｲ)(ｳ)	ウ (ｱ)(ｲ)(ｳ)	ア	
	A表現 (3) 創作	イ (ｱ)	ウ (ｱ)(ｲ)(ｳ)	ア (ｱ)(ｲ)	
	B鑑賞 (1)	イ (ｱ)(ｲ)(ｳ)		ア (ｱ)(ｲ)(ｳ)	
	〔共通事項〕(1)	イ		ア	
評価の観点		知識・技能		思考・判断・表現	主体的に学習に取り組む態度

表注：表内のアミカケ部は，高等学校芸術科音楽のみ示されている。

　表1-4-1は，中学校音楽科・高等学校芸術科音楽の内容を，目標及び評価も含めて全体構造の中で示したものである。内容面では，全ての領域，分野

及び〔共通事項〕が，ア「思考力，判断力，表現力等」，イ「知識」，ウ「技能」の資質・能力の観点から再整理された点に特徴がある。

2．中学校音楽科の内容構成の具体

　以下は，「A表現」から「(1) 歌唱」，「B鑑賞」，〔共通事項〕における「内容」から，第2及び第3学年の指導内容を中心に示したものである。（　）は対応する資質・能力を示し，「表現」領域は，「歌唱」分野のみ示した。第1学年からの，また高等学校芸術科音楽への連続性や発展性を踏まえながら，参照してほしい。

①「表現」「(1) 歌唱」

> ア歌唱表現に関わる知識や技能を得たり生かしたりしながら，〔曲にふさわしい〕歌唱表現を創意工夫すること。（思考力，判断力，表現力等）
> イ次の (ア) 及び (イ) について理解すること。（知識）
> 　(ア) 曲想と音楽の構造や歌詞の内容〔及び曲の背景〕との関わり
> 　(イ) 声の音色や響き及び言葉の特性と曲種に応じた発声との関わり
> ウ次の (ア) 及び (イ) の技能を身に付けること。（技能）
> 　(ア) 創意工夫を生かした表現で歌うために必要な発声，言葉の発音，身体の使い方などの技能
> 　(イ) 創意工夫を生かし，全体の響きや各声部の声などを聴きながら他者と合わせて歌う技能
> 〔　〕は，第2学年及び第3学年のみ示され，第1学年では示されない。

②「鑑賞」

> ア鑑賞に関わる知識を得たり生かしたりしながら，次の (ア) から (ウ) までについて考え，音楽のよさや美しさを味わって聴くこと。（思考力，判断力，表現力等）
> 　(ア) 曲や演奏に対する評価とその根拠
> 　(イ) 生活や社会における音楽の意味や役割
> 　(ウ) 音楽表現の共通性や固有性
> イ次の (ア) から (ウ) までについて理解すること。（知識）

（ｱ）曲想と音楽の構造との関わり

（ｲ）音楽の特徴とその背景となる文化や歴史，他の芸術との関わり

（ｳ）我が国や郷土の伝統音楽及び諸外国の様々な音楽の特徴と，その特徴から生まれる音楽の多様性

　第１学年においては，「ア」「次の（ｱ）から（ｳ）までについて」「自分なりに」考えることが示され，「イ」「（ｳ）」は，「諸外国の様々な音楽」が「アジア地域の音楽」と示されている。ここからは，段階をおって，音楽の教育内容や学習の協同性への拡がりがみられる。

　③〔共通事項〕

ア音楽を形づくっている要素や要素同士の関連を知覚し，それらの働きが生み出す特質や雰囲気を感受しながら，知覚したことと感受したこととの関わりについて考えること。（思考力，判断力，表現力等）

イ音楽を形づくっている要素及びそれらに関わる用語や記号などについて，音楽における働きと関わらせて理解すること。（知識）

3．高等学校芸術科音楽の内容構成の具体

　以下は，「Ａ表現」から「（１）歌唱」，「Ｂ鑑賞」，〔共通事項〕における「内容」から，「音楽Ⅰ」の指導内容を示したものである。（　）は対応する資質・能力を示し，「表現」領域は，「歌唱」分野のみ示した。

　①「表現」「（１）歌唱」

ア歌唱表現に関わる知識や技能を得たり生かしたりしながら，自己のイメージをもって歌唱表現を創意工夫すること。（思考力，判断力，表現力等）

イ次の（ｱ）から（ｳ）までについて理解すること。（知識）

　（ｱ）曲想と音楽の構造や歌詞，文化的・歴史的背景との関わり

　（ｲ）言葉の特性と曲種に応じた発声との関わり

　（ｳ）様々な表現形態による歌唱表現の特徴

ウ創意工夫を生かした歌唱表現をするために必要な，次の（ｱ）から（ｳ）までの技能を身に付けること。（技能）

（ア）曲にふさわしい発声，言葉の発音，身体の使い方などの技能

（イ）他者との調和を意識して歌う技能

（ウ）表現形態の特徴を生かして歌う技能

② 「鑑賞」

ア 鑑賞に関わる知識を得たり生かしたりしながら，次の（ア）から（ウ）までについて考え，音楽のよさや美しさを自ら味わって聴くこと。（思考力，判断力，表現力等）

（ア）曲や演奏に対する評価とその根拠

（イ）自分や社会にとっての音楽の意味や価値

（ウ）音楽表現の共通性や固有性

イ 次の（ア）から（ウ）までについて理解すること。（知識）

（ア）曲想や表現上の効果と音楽の構造との関わり

（イ）音楽の特徴と文化的・歴史的背景，他の芸術との関わり

（ウ）我が国や郷土の伝統音楽の種類とそれぞれの特徴

③ 〔共通事項〕

ア 音楽を形づくっている要素や要素同士の関連を知覚し，それらの働きを感受しながら，知覚したことと感受したこととの関わりについて考えること。（思考力，判断力，表現力等）

イ 音楽を形づくっている要素及び音楽に関する用語や記号などについて，音楽における働きと関わらせて理解すること。（知識）

4．内容構成の特徴

（1）「思考力，判断力，表現力等」に関する事項

「A表現」「B鑑賞」の事項「ア」をみると，「表現」領域では，「歌唱表現に関わる知識や技能」を得たり生かしながら，「歌唱表現を創意工夫する」こと，「鑑賞」領域では，「鑑賞に関わる知識や技能」を得たり生かしたりしながら，音楽のよさや美しさを味わって聴くこと」と示されている。事項「ア」の冒頭部分には，「知識や技能を得たり生かしたりして」とされ，「思

考力，判断力，表現力等」は，学習の過程において，事項「イ」「知識」，事項「ウ」「技能」に関する内容と相互に関わらせ，一体的に育てていくことが示されている。したがって必ずしも，それらを個別的に育成したり，「知識及び技能」を習得させてから，「思考力，判断力，表現力等」を育成したりするといった，順序性をもったものでない点をおさえておきたい。

次に，〔共通事項〕の事項「ア」においては，中学校，高等学校ともに，音楽を形づくっている要素を対象に「知覚したことと感受したことの関わりについて考えること」と示されている。ここで「知覚」とは，聴覚を中心とした感覚器官を通して音や音楽を判別し，意識することであり，「感受」は，音や音楽の特質や雰囲気などを感じ，受け入れることである。本来「知覚」と「感受」は一体的なものだが，「思考力，判断力，表現力等」に関する内容として構成することで，それぞれを意識化し，確認しながら結びつけていく思考を働かせ，知覚したことと感受したことの関わりを「考える」学習の充実を図ったものと言える。

（2）「知識」に関する事項

「表現」及び「鑑賞」領域の事項「イ」をみると，「知識」に関する事項は，中学校，高等学校ともに「(ア)」「(イ)」には，「○○と△△との関わり」のように示されている。ここからは，「○○と△△」の間にどのような関わりがあるのかを捉え，「理解する」ことが，音楽科における「知識」の習得であるという考え方が了解される。

〔共通事項〕の事項「イ」では，音楽を形づくっている要素及びそれらに関わる用語や記号などについて，「音楽における働き」との関わりの中で理解することが示されており，ここからも音楽科における「知識」とは，教条的で一方向的な知識ではなく，むしろ常に自分と音楽の関わりの中で「理解」されるものとして捉えられている。「表現」及び「鑑賞」の活動では，〔共通事項〕を手がかりとして，その音楽に固有の雰囲気や表情，味わい，すなわち「曲想」が，どのような「音楽の構造」によって生み出されているかを捉えることが大切である。

（3）「技能」に関する事項

　音楽科における「技能」とは，歌を歌う，楽器を演奏する，音楽を創作するといった音楽表現の技能である。「表現」領域の歌唱，器楽，創作の分野においては，複数の技能が位置付けられている。例えば，中学校音楽科の歌唱では，（ア）発声，言葉の発音，身体の使い方などの技能，（イ）全体の響きや各声部の声などを聴きながら他者と合わせて歌う技能，が示されているが，これらの技能は，生徒自身が「創意工夫をして」，表したい音楽表現をするために必要なものとして位置付けられている。ここからは，音楽科における「技能」は，「思考力，判断力，表現力等」の育成と関わらせて，習得できるようにすべき内容であることに留意したい。

参考文献

中等科音楽教育研究会編（2019）『最新中等科音楽教育法』音楽之友社.

文部科学省（2018）『中学校学習指導要領（平成29年告示）解説　音楽編』教育芸術社.

文部科学省（2019）『高等学校学習指導要領（平成30年告示）解説　芸術（音楽・美術・工芸・書道）編　音楽編　美術編』教育図書.

齊藤忠彦・菅裕編（2019）『新版中学校・高等学校教員養成課程　音楽科教育法』教育芸術社.

（笹野恵理子）

Q5 音楽活動を組織する上で留意すべき事項について述べなさい

1. 音楽活動に潜在する2つの方向性を意識する

　音楽科では，表現（歌唱，器楽，創作）と鑑賞という2領域4種類の学習活動をバランスよく行うよう学習指導要領によって定められている。世界中の音楽実践を概観しても，これら4種類の活動は部分的に混ざり合いながらも確かに存在しており，「活動の種類に注目して偏りのない音楽経験を提供する」という視点は，教師側の配慮として適切である。

　一方で，音楽活動を教育的に組織する際に留意すべき事項は，「活動の種類」だけではない。むしろ，その活動が「既存の文化を継承させるための活動」なのか，「既存の文化を発展させたり新たな文化を創造させたりする活動」なのか，という視点は，活動の種類以上に重要だと筆者は考えている。

（1）文化の継承を目的とする音楽活動

　現状多くの学校で行われている一般的な音楽科の授業は，特定の音楽文化の継承を目的にしている，と捉えることができる。例えば，五線譜で示された楽曲を楽譜通りに演奏したり，曲の様式にあった発声で歌唱したり，曲の時代背景を踏まえて鑑賞したり，といった活動はこのタイプの典型である。言い換えれば，「クラシック音楽的な良い表現とは何か」「雅楽的な良い音とはどのようなものか」といった「歴史的に醸成されてきた美」を子どもに継承させようとしているわけである。先人が築き上げてきた美の基準を参照しながら，その良さや美しさを踏襲しようとする音楽活動だと言い換えることもできるだろう。

　そもそも教科教育は，それまでに蓄積されてきた知識を学問という体系に沿って後世に継承させ，その中で様々な学びを得させようとする側面がある。したがって，学校の授業でこのような「文化の継承」としての音楽活動が実施されるのは，ごく自然であるとも言える。

（2）文化の発展・創造につながる活動

　一方で，学校は伝統芸能の正当な継承に特化した場ではない。生徒たちには，既存の音楽文化をアレンジしたり，彼らなりの音楽文化を生み出したりする権利もあるはずだ。このことは，学習指導要領の解説にも文化の「継承・発展・創造」という言葉で明確に言及されている。しかし，「発展」や「創造」が実際の授業で意識されることは少ないのではないだろうか。生徒自身に文化を発展させる，文化を創造させる，とは具体的にどういうことなのか。

　端的に言えば，「再現芸術」という極めて特殊な音楽のあり方は，時に相対化されるべきである，ということだ。例えば，教科書に掲載されている楽曲に対して，「作曲者の意図を汲み取り」「楽曲の様式に依拠して」演奏する，という再現芸術的アプローチをとることは必然ではない。生徒自身の発想で編曲して演奏したり，あるいは創作の際のアイディアの源泉として利用したりすることも可能である。西洋の作曲家を神格化してきた大人は「作曲家に失礼」などと思うのかもしれないが，「西洋音楽科」ではなく「音楽科」である以上，過去の音楽的アイディアを積極的に発展させるという行為は極めて自然な営為である。「再現芸術」という価値観は，西洋音楽という民族音楽に特有の流儀であることを意識しなければならない。また，創作活動の際も，五線譜や機能和声を駆使した既存の作曲技法をマスターさせることに固執する必要はない。そのような創作活動にはむしろ「文化の継承」としての価値があるが，より自由な発想で実施する創作活動もあって然るべきだ。昨今では，DJは歌手やバンドマン以上にミュージシャンとして脚光を浴びているが，この事実は「楽譜を用いずに既存曲を編集する」という行為に重要なクリエイティビティが潜在している可能性を示唆している。また，音の出るモノを用いた自由な創作活動に「子どもの遊び」以上の教育的価値があることは，幼児教育の分野では周知の事実である。

　教育的配慮をもって音楽活動を組織する際には，「音楽科」のパブリックな性質を意識しつつ，「文化の継承」と生徒自身による「文化の発展・創造」をどちらも視野に入れなければならないと言える。

（長谷川諒）

Q6　歌唱・器楽の活動の指導事項と配慮について述べなさい

1．生徒の主体性はどのようにして担保される？

　歌唱と器楽の活動を組織する上で，教師は「文化の継承」と「文化の発展・創造」をどのように意識すればよいのだろうか。ここではその具体的な留意点について，「生徒の主体性」というキーワードに注目しながら説明したい。

（1）技術の獲得と生徒の主体性

　Q5でも述べたとおり，現状多くの学校で行われている「既存の曲をそのまま歌唱・演奏する活動」は，教師が意識しているかどうかに関わらず，「文化の継承」を目的にするものとして捉えることができる。

　例えばアルトリコーダーで《ラヴァーズ　コンチェルト》を演奏させる授業について考えてみよう。授業のポイントは何になるだろうか？　アーティキュレーション（タンギングする位置）の理解やサミングという技術の獲得等，様々な目的を設定することができるだろう。いずれにせよ，ここでの学習対象は，西洋音楽という文化を基盤に確立された知識や技術，あるいは西洋音楽的な価値観に基づく美的な経験それ自体である。つまり「文化の継承」だ。

　このような学習活動では，教師主導の一方的な伝達になりやすいという批判を避けるために，生徒同士によるグループディスカッションの場が設定されがちである。これは理にかなった対処法ではあるが，一方で，限られた時間内で「文化の継承」をさせようとすると，ある程度教師主導になることは避けられない。生徒に対して「高い音はどうやったら綺麗に鳴ると思う？」と問い，生徒同士で議論する時間を設けたところで，効率的なサミングの方法論はすでに文化的に確立されている。生徒がどのような工夫をしようが，教師は最終的に「オーセンティックなサミングの技術」に導かなければならないのである。文化的な知識や技術は，多くの伝統芸能の伝承過程がそうであるように，師匠から弟子への一方的な教授によってそのオーセンティシ

ティを担保する。この意味で,「文化の継承」と「生徒の主体性」はトレードオフの関係性にある,とも言えるのである。

（2）表現と創作は本来的に不可分である

　では,生徒の主体的な表現行為を積極的に促すにはどうしたらよいのだろうか。それこそが,「文化の発展・創造」につながる歌唱・器楽活動となる。

　前提として,「歌唱・器楽」といった演奏行為と「作曲・即興」といった創作行為は,本来的に分離して捉えることができない,という点を指摘しておかなければならないだろう。西洋音楽はその歴史の中で「作曲家・演奏家・聴衆」がそれぞれ独立した立場で1つの「作品」を囲む,という音楽経験のあり様を積み上げてきた。一度完成した「作品」に手を加えることは「作曲家」に対する冒涜であり,時代の様式を踏まえながら適切な解釈をすることが「演奏家」の仕事であり,作品に内在する価値を聴き取ることが19世紀的な「聴衆」のあり方だった。これが西洋音楽的な再現芸術のスタイルである。

　一方で,西洋音楽以外の多くの音楽文化において「作品」は固定的なものではない。楽譜が高度に発展した西洋音楽とは異なり,多くの文化では口頭伝承が音楽の保存において重要な役割を占めていた。人間の記憶は曖昧なので,「編曲」「即興」などとあえて呼称するまでもなく,それらは演奏行為に付随して自然に生起していたのである。「演奏者」と「創作者」を厳密に区分するのは西洋音楽のマナーであり,音楽科はこれに固執する必要がない。

　したがって,「これまでに学んだ運指を用いてグループで即興演奏をしてみましょう」「新たな運指を開発してみましょう」「それらに合わせて声をつかったパフォーマンスをしてみましょう」という活動は,「創作」の要素をもちつつも「歌唱・器楽」の活動になりうる。そして,それらの表現は「西洋音楽的に整った表現になっているかどうか」に関わらず,様々な角度から評価することができる。このような場合にこそ,グループでのディスカッションを通して新たな表現を発見していくようなプロセスに本質的な価値が生じると言えるだろう。「生徒の主体性」にフォーカスするなら,主観的な価値判断の結果が音楽に反映されうる活動を設計することが重要になる。

（長谷川諒）

Q7 創作の活動の指導事項と配慮について述べなさい

1. 教師・生徒ともに「創作は誰にでもできる」ことを認識する

　歌唱・器楽・創作という３種の表現の中でも，創作は最も取り上げづらい活動なのではないだろうか。しかし，本来創作は人間の音楽活動において最も自然な行為である。まずはそのことを教師が自覚することが重要になる。

（1）生徒がもつ「よくできた楽曲」のイメージを解体しよう

　多くの生徒は自分で音楽を作ったことがない。その生徒たちに「自由に音楽を作ってみましょう」と言っても戸惑いが生じることは自明であろう。また，創作活動の技術的なハードルを下げるために，使用音を限定して「ドレミの３つの音を使って作品を作ってみよう」という授業をしたとしても，出来上がった作品は彼らが普段聴きなれている音楽には遠く及ばず，自分の作品に生徒の方が気落ちしてしまう。生徒にとって「音楽」とはＪポップに代表されるような「機能和声と全音階を効果的に用いながら情動を煽る西洋音楽のシステムに依拠した楽曲」であり，「創作」とは「そのような音楽に近いものを作る行為」として暗に認識されている。したがって「３つの音を使って」作品を作っても，西洋音楽的に耳の肥えた現代の生徒にとっては「きちんとした音楽作品を作った」という満足感を得るには至らないのである。

　したがって，創作の授業の第一段階においては，技術的なハードルを下げること以上に，子ども達の「音楽＝西洋音楽的によくできた楽曲」という固定概念を解体することが重要になる。そして，そのためには，生徒の作品が「西洋音楽的なオーセンティシティを備えているかどうか」という点のみで価値判断されずにすむような活動の場を設計する必要がある。

（2）音階を使わない作曲から始めよう

　例えば，打楽器や音の出るモノだけを使った創作等は上記の条件に該当するだろう。生徒は，音階や和音といった西洋音楽的な尺度ではなく，音質や

リズムの重なりといったよりプリミティブな側面に耳を傾けながら自身の価値観で創作をすることができる。もちろん旋律楽器を取り入れてもよいが，周りの生徒が「Jポップらしいメロディを作成できる人が一番上手い」という評価を安易に下さないように配慮する必要があるだろう。旋律とリズムとハーモニーのある「音楽らしい音楽」だけが授業の正解にならないような楽器選びや声掛けが重要になる。

　こういった実践での生徒の思考は，「音階固有音をきちんと使おう」とか，「非和声音を解決させよう」といった，西洋音楽のオーセンティシティを公式の様に用いる際の思考以上にクリエイティブなものになりうる。もちろん西洋音楽的な作曲のルールを学ぶことにも「文化の継承」としての価値があることは先述したとおりであるが，「文化の継承」を効果的に行うためには，その文化を築いた先人の発想に対する当事者意識を持たせる必要がある。作曲上の公式は，誰かが「公式を作ろう」と思って作ったわけではなく，音に対する先人の自由な発想の集積が結果として公式化されたにすぎない。作曲家は常に「文化の発展・創造」を目指して創作してきたのであるから，生徒にもその発想の原点を経験させる必要があることは自明であろう。

　このような創作活動をファシリテイトするには，多くの場合，まずは教師自身の音楽観を広げる必要がある。サウンドペインティング（soundpainting）と呼ばれる指揮付きの集団即興演奏や，デレク・ベイリーらによるフリー・インプロビゼーション，あるいはジョン・ケージの作品等を聴いてみることで視野が広がるかもしれない。デュシャンのレディメイド作品について学んでみるのもよいだろう（筆者は教員養成課程の講義でよくこの話をする）。生徒達の創作行為を「西洋音楽的に稚拙だ」という理由で切り捨てることのないよう，教師は創作行為に対してフラットな視点をもつ必要がある。

参考文献・URL

Walter Thompson http://www.soundpainting.com（2020年5月7日閲覧）.

（長谷川諒）

Q8 鑑賞の活動の指導事項と配慮について述べなさい

1. 鑑賞の授業はなぜ退屈になりがちなのか

　鑑賞の授業を組織する上で配慮すべき事項は多くある。題材構成法に留意したり，レパートリーに偏りがないようにしたり，といったポイントは，教員養成課程で使用されるどの教科書でも指摘されていることだ。一方で，子ども達の能動的な行為がある程度保障されている表現とは異なり，鑑賞はどうしても受動的な学習活動になりがちである。生徒を退屈させないアイディアは多くあるが，なかなか根本的な解決には至らない。なぜなのだろうか。

（1）学習内容と学習活動のずれ

　ベートーヴェンの交響曲第5番を教材に，主題動機労作について教える授業を想定してみよう。教師は「運命のモチーフ」が楽曲の中でどのように展開されるのか，時にはクイズのような発問を挟みながら授業を進めていく。うまく話を進めればある程度授業は盛り上がるだろう。一方で，この授業で本来的な意味での「主体的・協働的で深い学び」を生起させることは難しい。

　理由は明白である。授業で教えたい「内容」と，それにアプローチするための「活動」が合致していないからだ。つまり，ベートーヴェンが行った「音楽的な創意工夫」という「内容」にフォーカスして教える授業なのに，生徒自身が「音楽的な創意工夫」を発揮するための「活動」が設計されていないのである。「同じ主題をこんなに何度も使うなんて面白いよね」と教師が力説したとしても，「主題をどのように展開しようかな」と一度も考えたことのない生徒にその面白さや技術の妙が伝わるはずもない。生徒は，作曲家の「音楽的な創意工夫」に対して当事者意識をもつことができていないのである。

（2）学習内容に対する当事者意識を喚起する

　では，どのようにして生徒に当事者意識をもたせればいいのだろうか。例えば，創作と鑑賞を相補的に実践する授業等は有効だろう。「特定のリズム

パターンを繰り返し用いた打楽器作品を作る」という授業の中で，「１つの
リズムパターンをとても巧みに使い回した作曲家がいます」といってベートーヴェンの作品を取り上げてはどうだろうか。主題動機労作という西洋音楽の技法を学んだという意味で「文化の継承」としての意義も十分にあるし，それを用いてさらに即興演奏をすれば「文化の発展・創造」にもつながる。

　あるいは，当事者意識をもって聴くという行為自体にフォーカスするのであれば，「自分のお気に入りの曲を５分以内でプレゼンテーションする」という活動を授業毎に１人の生徒に行わせるのもいいかもしれない。プレゼンテーションの中心的なテーマが，歌手の見た目やファッションではなく，ギターの音色やボーカルの歌い方，楽曲の形式といった「音の面白さ」になるよう設定すれば，教師が一方的に聴く作品を提示する授業よりも当事者意識をもって「音楽的な創意工夫」に注目する習慣が培われるだろう。

（3）鑑賞を能動的行為にするために

　音楽作品の構造に込められた作曲家の意図に傾注してお行儀良く聴くという行為は，19世紀の西洋で確立された「近代的聴衆」の姿に過ぎず，「最も質の高い聴き方」などではない。もし鑑賞の活動を能動的なものにしようとするのであれば，「近代的聴衆」的な態度に拘泥することなく，生徒が音楽の主体的参加者になれるような授業設計を考案する必要があるだろう。

　一方で，これらの提案は，その楽曲の形式的な美質を純粋に楽しむような鑑賞行為を否定するものではない。楽曲の歴史的背景や構造上の仕組みに捉われることなく，音の肌理を経験すること それ自体にフォーカスした鑑賞の授業もあって然るべきである。いずれにせよ，鑑賞の授業においても，「文化の発展・創造」を意識した授業を展開することは可能である点を強調しておきたい。

参考文献

渡辺裕（2012）『聴衆の誕生――ポスト・モダン時代の音楽文化』中央公論新社.

（長谷川諒）

Q9 音楽科の評価規準の作成と評価の留意点について述べなさい

1. 学習評価とは

　学習評価とは，学校における教育活動に関し，生徒の学習状況を評価するものである。生徒の学習状況を的確に捉え，教師が指導の改善を図るとともに，生徒が自らの学びを振り返って次の学びに向かうことができるようにするためにも学習評価の在り方は重要である。

　平成29年改訂中学校学習指導要領及び平成30年改訂高等学校学習指導要領の各教科等の目標や内容は，「知識及び技能」，「思考力，判断力，表現力等」，「学びに向かう力，人間性等」の3つの柱に沿って示された。このことを受け，観点別学習状況の評価も，「知識・技能」，「思考・判断・表現」，「主体的に学習に取り組む態度」の3観点で示されるようになり，これまで以上に，指導と評価の一体化を図ることができる構造となった。学習評価は，学習指導要領に示されている各教科等の目標や内容に照らして学習状況を評価するもので，目標に準拠した評価（いわゆる絶対評価）となる。

　観点別学習状況の3観点の評価のポイントについて若干の説明を加える。「知識・技能」は，個別の知識及び技能の習得状況について評価するとともに，それらを既有の知識及び技能と関連付けたりして活用する中で，概念等として理解したり，技能を習得したりしているかについて評価する。「思考力・判断力・表現力」は，各教科等の知識及び技能を活用して課題を解決する等のために必要な思考力，判断力，表現力等を身に付けているかについて評価する。「主体的に学習に取り組む態度」は，知識及び技能を獲得したり，思考力，判断力，表現力等を身に付けたりすることに向けた粘り強い取組の中で，自ら学習を調整しようとしているかを含めて評価する。

2．中学校音楽科及び高等学校芸術科音楽の「評価の観点及びその趣旨」

中学校音楽科の「評価の観点及びその趣旨」は，表1-9-1のように示されている。

表1-9-1　中学校音楽科の評価の観点及びその趣旨

観点	知識・技能	思考・判断・表現	主体的に学習に取り組む態度
趣旨	・曲想と音楽の構造や背景などとの関わり及び音楽の多様性について理解している。 ・創意工夫を生かした音楽表現をするために必要な技能を身に付け，歌唱，器楽，創作で表している。	音楽を形づくっている要素や要素同士の関連を知覚し，それらの働きが生み出す特質や雰囲気を感受しながら，知覚したことと感受したこととの関わりについて考え，どのように表すかについて思いや意図をもったり，音楽を評価しながらよさや美しさを味わって聴いたりしている。	音や音楽，音楽文化に親しむことができるよう，音楽活動を楽しみながら主体的・協働的に表現及び鑑賞の学習活動に取り組もうとしている。

高等学校芸術科音楽の「評価の観点及びその趣旨」は，表1-9-2のように示されている。

表1-9-2　高等学校芸術科音楽の評価の観点及びその趣旨

観点	知識・技能	思考・判断・表現	主体的に学習に取り組む態度
趣旨	・曲想と音楽の構造や文化的・歴史的背景などとの関わり及び音楽の多様性などについて理解を深めている。 ・創意工夫などを生かした音楽表現をするために必要な技能を身に付け，歌唱，器楽，創作などで表している。	音楽を形づくっている要素や要素同士の関連を知覚し，それらの働きを感受しながら，知覚したことと感受したこととの関わりについて考え，どのように表すかについて表現意図をもったり，音楽を評価しながらよさや美しさを味わって聴いたりしている。	音や音楽，音楽文化と豊かに関わり主体的・協働的に表現及び鑑賞の学習活動に取り組もうとしている。

3．中学校音楽科の評価規準の作成

中学校音楽科の題材の評価規準の作成について，例を挙げて説明する。
＜例＞第1学年「A表現」(1) 歌唱で題材を構成する場合
※紙幅の関係で説明に必要な箇所のみを抜粋して記載する。

■本題材で扱う学習指導要領の内容

　ア　歌唱表現に関わる知識や技能を得たり生かしたりしながら，歌唱表現
　　　を創意工夫すること。

　イ　次の（ア）及び（イ）について理解すること。

（ア）曲想と音楽の構造や歌詞の内容との関わり

　ウ　次の（ア）及び（イ）の技能を身に付けること。

（ア）創意工夫を生かした表現で歌うために必要な発声，言葉の発音，身体
　　　の使い方などの技能

表1-9-3　本題材の評価規準

	知識・技能	思考・判断・表現	主体的に学習に取り組む態度
題材の評価規準	知識：曲想と音楽の構造や歌詞の内容との関わりについて理解している。 技能：創意工夫を生かした表現で歌うために必要な発声，言葉の発音，身体の使い方などの技能を身に付け，歌唱で表している。	音色，旋律，強弱を知覚し，それらの働きが生み出す特質や雰囲気を感受しながら，知覚したことと感受したこととの関わりについて考え，どのように歌うかについて思いや意図をもっている。	旋律の流れと歌詞の内容にふさわしい歌い方に関心をもち，音楽活動を楽しみながら主体的・協働的に歌唱の学習活動に取り組もうとしている。

- 題材の評価規準は，中学校音楽科の「評価の観点及びその趣旨」を踏まえ
  ながら，その題材で扱う学習指導要領の内容を組み込む形で作成する。
- 「知識・技能」については，「知識」と「技能」を分けて記載する。
- 「思考・判断・表現」の冒頭の「音楽を形づくっている要素」については，
  音色，リズム，速度，旋律，テクスチュア，強弱，形式，構成などの中か
  ら，その題材における学習内容を踏まえて適切に選択して置き換える。
- 「主体的に学習に取り組む態度」については，「〇〇に関心をもち」を加え，
  その題材の学習において生徒に興味・関心をもたせたい事柄を記載する。

4．評価の留意点

- 1単位時間の中に3観点のすべてを評価するのではなく，1つの題材の中
  で3観点がバランスよく配置されることが望ましい。例えば，全3時間扱
  いの題材で，第1時は「思考・判断・表現」，第2時は「知識・技能」，第3

時は「主体的に学習に取り組む態度」と位置付けるなどである。なお，「主体的に学習に取り組む態度」を第1時から第3時まで継続して評価し，第3時に総括するという方法もある。

- 「学びに向かう力，人間性等」については，観点別学習状況の評価としての「主体的に学習に取り組む態度」と，観点別学習状況の評価や評定にはなじまない「感性，思いやりなど」に分けて評価する。「感性，思いやり」などは，個人内評価（観点別学習状況の評価や評定には示しきれない生徒一人一人のよい点，進歩の状況などについて評価）となる。音楽科における感性に関わる評価は，これに該当する部分がある。

- 「主体的に学習に取り組む態度」の評価は，挙手の回数等の表出された場面を捉えての評価を行うだけではなく，自らの学習を調整しようとしながら学ぼうとしているかという意思的な側面を捉え，適切に評価する。

- 観点別学習状況の評価は，学習状況を分析的に捉えるものである。「十分満足できる」状況と判断されるもの（A），「おおむね満足できる」状況と判断されるもの（B），「努力を要する」状況と判断されるもの（C）のように区分する。評定は，観点別学習状況の評価の結果を総括的に捉えるもので，5段階で評価する。

- 指導と評価の一体化を図るために，生徒一人一人の学習の成立を促すための評価という視点を一層重視し，教師が指導のねらいに応じて授業の中での生徒の学びを振り返り学習や指導の改善に生かしていくというPDCAサイクル（Plan‐Do‐Check‐Action）が大切である。

参考文献・URL

文部科学省 (2019)「小学校，中学校，高等学校及び特別支援学校等における児童生徒の学習評価及び指導要録の改善等について（通知）」https://www.mext.go.jp/b_menu/hakusho/nc/1415169.htm（2020年5月5日閲覧）.

国立教育政策研究所 (2020)「『指導と評価の一体化』のための学習評価に関する参考資料中学校音楽」https://www.nier.go.jp/kaihatsu/pdf/hyouka/r020326_mid_ongak.pdf（2020年5月5日閲覧）.

（齊藤忠彦）

Q 10　音楽的な「見方・考え方」について述べなさい

1.「見方・考え方」とは

　「見方・考え方」とは，どのような視点で物事を捉え，どのような考え方で思考するかということである。平成29年告示中学校学習指導要領及び平成30年告示高等学校学習指導要領では，各教科等の特質に応じた「見方・考え方」を働かせながら資質・能力を育成することができるよう，各教科等の目標の中に「○○○な見方・考え方を働かせ」と明示している。

2.「音楽的な見方・考え方」とは

　「音楽的な見方・考え方」とは，音楽科の特質に応じた，物事を捉える視点や考え方である。中学校学習指導要領音楽科及び高等学校学習指導要領芸術科音楽における「音楽的な見方・考え方」は，その解説において次のように示されている。

> 【中学校音楽科】
> 「音楽に対する感性を働かせ，音や音楽を，音楽を形づくっている要素とその働きの視点で捉え，自己のイメージや感情，生活や社会，伝統や文化などと関連付けること」であると考えられる。
> 【高等学校芸術科音楽】
> 「感性を働かせ，音や音楽を，音楽を形づくっている要素とその働きの視点で捉え，自己のイメージや感情，音楽の文化的・歴史的背景などと関連付けること」であると考えられる。

　中学校音楽科の「音楽的な見方・考え方」は，「①音楽に対する感性を働かせること」，「②音や音楽を，音楽を形づくっている要素とその働きの視点で捉えること」，「③捉えたことと，自己のイメージや感情，生活や社会，伝統や文化などと関連付けること」の3つの内容で構成されている。①では，音楽の学びの根幹として音楽に対する感性を働かせるという視点が示されてい

る。②では，音や音楽という音響そのものに目を向けて，音楽を形づくっている要素の知覚・感受を支えとして，音楽がどのように形づくられているか，そして，音楽をどのように感じ取るかを明らかにするという視点が示されている。①と②については，感性と知性の両面から，そしてそれらを融合させながら音や音楽を捉えることと解釈することもできる。このことは「音楽的な見方・考え方」の大きな特徴と考えられる。③では，①と②で捉えたことをもとに，音や音楽とそれらによって喚起される自己のイメージや感情との関わり，音や音楽と生活や社会との関わり，音や音楽と伝統や文化などの音楽の背景との関わりなどについて考えることと示されている。③を通して，音楽の学習を一層深め，音や音楽は人間にとっていかに意味のあるものとして存在するかを考えることができるようになる。

　高等学校芸術科音楽の「音楽的な見方・考え方」は，基本的に中学校音楽科と考え方は同じであるが，音楽に対する感性のみならず幅広く捉えた感性と解釈している点，「音楽の文化的・歴史的背景など」と示され，より専門性を高めている点が異なる。

　「音楽的な見方・考え方」は，「音楽的な見方・考え方」を働かせた学習を積み重ねることにより，さらに広がったり深まったりし，その後の人生においても生きて働くものになる。さらに，感性と知性の両方を働かせたり，融合させたりして物事を捉えるという視点は，音楽のみならず人生における様々な場面で応用することができるだろう。

参考文献

文部科学省（2018）『中学校学習指導要領（平成29年告示）解説　音楽編』教育芸術社.

文部科学省（2019）『高等学校学習指導要領（平成30年告示）解説　芸術（音楽　美術　工芸　書道）編　音楽編　美術編』教育図書.

（齊藤忠彦）

Q 11　表現と鑑賞の学習指導計画の作成方法と配慮事項について述べなさい

1．学習指導計画とは何か

　生徒は学校で何を学び，何ができるようになるのか，そのために教師は何をどのように指導するのか。この問いに応えるためには，学校教育を総合的に捉え，教育内容を計画的に組織する必要がある。こうした学校全体の教育計画は，教育課程と呼ばれる。平成29年告示中学校学習指導要領解説総則編，及び平成30年告示高等学校学習指導要領解説総則編において教育課程は，「学校教育の目的や目標を達成するために，教育の内容を生徒の心身の発達に応じ，授業時数との関連において総合的に組織した各学校の教育計画」とされ，「学校の教育目標の設定，指導内容の組織及び授業時数の配当が教育課程の編成の基本的な要素」であると示されている。

　この教育課程を基盤に，指導内容や方法等を具体化したものが学習指導計画である。前述の学習指導要領解説総則編において学習指導計画は，「教育の目的や目標の実現に必要な教育の内容等を選択し，各教科等の内容相互の関連を図りながら指導計画を作成したり，生徒の生活時間と教育の内容との効果的な組み合わせを考えたりしながら，年間や学期，月，週ごとの授業時数を適切に定めたりしていく」と示されている。学習指導計画には，3学年間を見通した指導計画，年間指導計画，学期・月・週単位で示した指導計画，各題材（単元）の指導計画，各授業の指導計画等があり，各題材（単元）の指導計画と各授業の指導計画を併せたものを，一般的に学習指導案と呼ぶ。

　本節では，まず音楽科の年間指導計画に触れた上で，音楽科の学習指導案の作成と配慮事項について述べる。

2．音楽科の年間指導計画と題材構成

　年間指導計画とは，各学校で編成・設定した教育課程や教育目標，学校・生

徒・地域の実態，他教科との関わりに鑑みながら，学習指導要領に示された教科の目標及び各学年の目標を達成するために，生徒が1年間に何を学びどのような知識や技能を習得するのかについて，題材（単元）を系統的かつ発展的に配置した指導指針である。

　年間指導計画に決まった書式はないが，音楽科の年間指導計画を構成する一般的な項目として，①題材名，②題材の目標，③題材で扱われる学習指導要領の内容や〔共通事項〕との関連，④指導に要する時間数，⑤実施する月や学期が挙げられる。ちなみに，音楽科では他教科における単元にあたる1つの学習のまとまりを題材と呼ぶ。音楽科の題材は，その構成の方法として次の2種類がある。

（1）主題による題材構成

　主題による題材構成は，音楽的なまとまり，または生活経験的なまとまりで学習のねらいや活動を題材として構成するものである。音楽的なまとまりによる題材構成の例としては，「曲の構成を感じ取ろう」「各パートの役割を感じ取って表現を工夫しよう」等，音楽の諸要素や構造，音楽経験等の関わりで構成されたものが挙げられる。

　一方，生活経験的なまとまりによる題材構成としては，「梅雨の音楽をつくってみよう」「クリスマス・キャロルを歌おう」等，季節や行事等生活や地域文化等の関わりで構成されたものが挙げられる。

（2）楽曲による題材構成

　楽曲による題材構成は，「能『羽衣』」「日本歌曲《赤とんぼ》」「オペラ《アイーダ》」等，楽曲自体を題材として構成するものである。

3．音楽科の学習指導案の作成

　年間指導計画で示された題材の具体的な指導計画が学習指導案である。学習指導案の書式は年間指導計画と同様に決まっていないが，学校や各教育委員会によって定められている場合もある。音楽科の学習指導案を構成する一般的な項目として，表1-11-1で示した10項目が挙げられる。各項目の概要と作成時の留意点についても参照されたい。

表1-11-1　音楽科学習指導案を構成する項目の概要と作成時の留意点

項目	概要と作成時の留意点
①基本的情報	教科名（音楽科学習指導案等），日時（年・月日・時限），学級（学年・組・人数），指導者の名前を記す。
②題材名	主題による題材，もしくは楽曲による題材の構成で題材名を設定する。題材には前述した2種類の構成方法があるが，いずれも生徒が何を学習するのかが分かるものが望ましい。
③題材の目標	題材を通して育成したい資質・能力を，具体的に示す。その際，近年では生徒を主体にした表記が主流である。また，目標は資質・能力の3つの柱である「知識及び技能」，「思考力，判断力，表現力等」，「学びに向かう力，人間性等」に即して設定されることが望ましい。
④学習指導要領との関連	題材を通して学習することが，学習指導要領の内容や〔共通事項〕のどの項目に該当するのかを示す。
⑤教材	題材で使用する教材を記す。楽曲であれば，作曲者，作詞者，編曲者，楽曲名を正確に記す。
⑥題材について	題材を設定した理由として，年間指導計画における題材の位置づけや，本題材を通して生徒にはどのような学習経験を望むのかについて記す。その際，教材，生徒，指導等の観点から記す。 ◆教材観（題材で使用する教材の内容や教材研究を通じて明らかにした音楽的特徴や解釈，教材として生徒たちが学習することの適性等について記す） ◆生徒観（生徒の学習状況，生徒の発達及び音楽的嗜好，学級の雰囲気や特徴等の生徒の実態について記す） ◆指導観（教材観及び指導観を受けて，教師がどのような指導を行うのか，その際どういった点について留意するのかについて記す）
⑦題材の評価規準	題材の目標への到達状況を判断するための評価の規準を作成して示す。その際，「評価の観点及びその趣旨」を踏まえながら，題材で扱う学習指導要領の内容に対応させながら作成する。また，観点別に①②③等の通し番号をふり，他項目（⑧題材の指導計画と評価計画や⑩本時の展開）の評価に関わる箇所にも用いることで，学習指導案がより見やすいものとなる。 なお，評価規準の作成方法については，第4節を参照されたい。
⑧題材の指導計画と評価計画	題材の全体像を示す。そのために，授業ごとに指導計画と評価計画を記す。授業の単位は「第○時」とし，必ず総時間数も記す。また，総時間数が多く題材内に複数のまとまりがある場合は，そのまとまりを「第○次」として記すことがある。 指導計画には，学習内容と実際に行う学習活動を，生徒を主体にして記す。 評価計画には，題材内のどの段階で評価を行うかを⑦で作成した評価規準を用いて示す。また，どのような方法（ワークシート，観察，小テスト等）で評価するのかについても併せて記す。 また，本時が指導計画のどこに該当するかを示す必要があり，該当する「第○時」の後に「（本時）」と記す。
⑨本時の目標	題材の目標及び指導計画を踏まえた本時のねらいを記す。
⑩本時の展開	本時の展開は，学習内容と学習活動（生徒を主体にして記す），教師の働きかけ，評価等を本時の流れに沿って記す。その際，学習内容と学習活動に対応させる形で教師の働きかけや評価を記すのが一般的である。 また，授業を導入，展開，まとめといった場面に分けて記すことで，想定する授業の流れが捉えやすくなる。さらに，場面ごとに時間を記入することもあるが，あくまで目安として捉えるようにしたい。

4．指導計画作成上の配慮事項

平成29年告示中学校学習指導要領解説音楽編，及び平成30年告示高等学校学習指導要領解説芸術編には，指導計画作成上の配慮事項が示されている。ここでは，中学校音楽科において示された配慮事項の概要について述べる。

（1）主体的・対話的で深い学びの実現のために，音楽的な見方・考え方を働かせ，他者と協働しながら思考・判断・表現する活動の充実を図ること

主体的・対話的で深い学びは，１単位時間の授業の中で実現されるのではない。題材等のまとまりの中で，上述の学びが実現できる場面をどのように設定するのかといった視点で授業改善を進めることが求められる。また，学校や生徒の実態に応じた多様な学習活動を組み合わせることも重要である。こうした授業改善において，深い学びの鍵となるのが音楽的な見方・考え方である。その詳細については第5節を参照されたい。

（2）「A表現」「B鑑賞」の指導については，すべての事項を適切に関連付けて指導すること

平成29年告示学習指導要領では，各学年の内容をア「思考力，判断力，表現力」，イ「知識」，ウ「技能」に分けて示している。したがって，「A表現」ではア，イ，ウを，「B鑑賞」ではア，イの各事項を相互に関連付けながら題材を構想する必要がある。

（3）〔共通事項〕は，「A表現」「B鑑賞」の指導と併せて行うこと

〔共通事項〕は，表現及び鑑賞の学習において必要な資質・能力であり，表現及び鑑賞の指導と切り離して指導しないように留意する必要がある。

（4）「A表現」「B鑑賞」の指導については，特定の活動に偏らないようにするとともに，〔共通事項〕を要に領域・分野の関連を図るようにすること

生徒の多様な実態を踏まえ，歌唱，器楽，創作，鑑賞について，特定の活動に偏らないよう留意する必要がある。ここでいう偏りとは，歌唱や鑑賞の学習に偏ることや，歌唱の指導において合唱活動に偏ること，また鑑賞の指導において特定の曲種の学習に偏ること等が挙げられる。

こうした偏りが生じないよう，教師は複数の領域や分野を関連付けなが

ら，学びの連続性や系統性を意識した題材を構想・配置する必要がある。〔共通事項〕は，(3) で述べたように表現及び鑑賞の学習において必要な資質・能力であり，領域や分野を関連付ける要となる。

(5) 障害のある生徒が学習活動を行う際に生じる困難さに応じて，指導内容や指導方法を計画的・組織的に工夫すること

通常の学級においても発達障害をはじめとした障害のある生徒が在籍している可能性は十分にある。また，「交流及び共同学習」の実施率の高い音楽科は，特別支援学級に在籍している生徒も一緒に学ぶ可能性が高い。インクルーシブ教育システムの構築を目指し，生徒の自立と社会参加を推進していくためには，障害のある生徒の学びを保障し，生徒の障害の状態や特性，及び発達段階に応じて指導や支援を充実させる必要がある。指導や支援については，学習面だけでなく，心理面にも配慮する必要がある。その際，学習のユニバーサルデザイン（UDL）等を参考にすることも有益であるが必ずしも万能ではないことに留意したい。そして，個々の生徒の困難さに対する支援は個別的かつ常に変化するものである。したがって，個別の指導計画を作成して他の教員と情報を共有したり引き継いだりすることが必要である。

(6) 道徳科との関連を考慮すること

音楽による豊かな情操は道徳性の基盤を培うものとして，道徳教育との関連を明確に意識しながら適切な指導を行う必要が示されている。

*

以上，学習指導計画の作成と留意事項について述べた。年間指導計画の作成は，生徒・学校・地域の実態や，他教科との関連を意識しながら，1 年間の指導内容を計画するため容易ではない。教科書会社のホームページ等にも指導計画案が掲載されているため，それらを参照することもよいだろう。また，学習指導案は，授業者が授業のねらいとそれを達成するための手立てを示すものであるが，授業の流れを可視化し，指導者や同僚といった第三者と情報共有したり協議したりするものにもなる。したがって，学習指導案は仮説性を含みつつも，多様な視点と細やかな手立てを簡潔に書けるよう目指したい。

参考文献

中等科音楽教育研究会編（2019）『最新中等科音楽教育法』音楽之友社.

文部科学省（2018）『中学校学習指導要領（平成29年告示）解説　音楽編』
　　　教育芸術社.

齊藤忠彦・菅裕編著（2019）『新版中学校・高等学校教員養成課程　音楽科
　　　教育法』教育芸術社.

高橋淳編著（2019）『教育方法とカリキュラム・マネジメント』学文社.

（上野智子）

Q 12　表現と鑑賞の活動のための教材研究の視点について述べなさい

1．教材とは何か

（1）音楽科において教材とは

　音楽の授業をする上で，教材の構想は，核心的に重要な問題である。どのような曲を選ぶのか，どのような活動をするのか，授業のあり方は教材にかかっていると言っても過言ではない。しかし，はじめに「教材」という言葉の意味するものについてより詳しく考えてみたい。「教材」と言いならわす時，私たちは単に授業の材料となる楽曲のことと思いこんではいないだろうか。

　「教材とは，在るものではなく，成るものである」とは，あらゆる教科の授業について実践家の間で言われてきた言葉である。音楽科に即して言えば，1つの楽曲にスポットが当たるとして，その作品はすでに決まった姿をしてそこにただ「在る」のではなく，教師がそれを「どのようなものとして見いだす」かということにかかっているのだと言えよう。それを決定する最も重要な要素が学習者（生徒）である。

（2）教材研究を規定する「学習者へのまなざし」

　学びの当事者である個々の生徒の存在を最初の条件として，教師はその曲が生徒にとってどのように響くものであるのかというところから授業を構成していく。ゆえに，「教材研究」ないし「教材解釈」とは，学習者である生徒の姿がとうに組み込まれたものというべきである。そもそも，ある音楽が「教材」として教師の脳裏に浮かぶ時に，そこに生徒の姿があるのであり，教師は仮想的に生徒の耳を通してその音楽を聴き，生徒の興味を通してその素材の魅力を見いだすといえる。その意味で，素材としての楽曲の検討以前に，楽曲が「教材」となるとき，そこには学習者の存在が根底にあるといえよう。

２．表現活動のための教材研究と教師の役割

　選んだ曲が教材となるためには，そこに教師自身のその曲の深い経験がなくてはならない。この「教材研究」は，自身がしっかりとその素材を掘り下げることであるが，それは教師自身が到達した解釈や理解や味わいをそのまま授業において伝達するためではない。むしろそれとは異なるものとなるであろう学習者の経験の仕方の可能性を広げるためにこそ，教師は自分自身の興味に導かれながら多層的に１つの楽曲を経験するのである。こうした経験の精緻化は，学習者の経験に先立って，また授業の度に行われることになる。

　デューイは，カリキュラムを構成する様々な教材と子どもの経験とを別個のものと考えず，連続したものととらえるべきであるとした。「教材を，それ自体何か固定されたもののように考え，子どもの経験の外側にあるかのように見ることをやめてみよう。子どもの経験をもまた，何かしら固定されたものであるかのように考えることをやめてみよう。それを何か流動的で胎生的で生きたものとして見てみよう。（中略）子どもの現在の経験に含まれる事実や真実と，教科の教材に含まれているそれらとは，一つの実在の最初と最後の両端なのである。」このようにデューイは，教育の営みを決定するのは既存の文化でも，また学習者の経験でもなく，学習者の現在の経験から教材に含まれる事実や真実へと向かう運動という１つのプロセスであることを説く。したがって教師の役割は，その両者を結んで，学習者と先人の文化に含まれる事実や真実との橋渡しをするところに見いだされる。価値の定まり完成された文化財としての楽曲があり，それを子どもに向け教材にアレンジするという考え方は，退けられる。どの音楽か，なぜそれを教えるべきなのか，どのような教育的価値があるのかということは，予め決まっているのではなく，学び手の活動との関連において初めて見えてくるのである。学習者の現在の経験を知悉する教師の目に，ある楽曲が彼らに働きかけていく可能性が見えてくる。その時楽曲を教材化するとは，彼らがその音楽に向かって突き動かされるように，教師がその作品を緻密に知り直すこと，それによっ

て教師が学び手に橋渡しできるようになるということになろう。

　また教材となる楽曲を研究するということには，当然ながら，歌唱や器楽の表現において，生徒の歌唱技能や，演奏技能，読譜や，表現内容の親しみやすさなどの検討が含まれる。歌唱教材では，当該の学習者の声域と曲の音域の適合だけでなく，学習者に歌いやすい音の長さ，フレーズ，旋律の音型などが考えられる。器楽教材の場合でも，表現できる音域と使用可能な楽器の音域は注意深く見ておかねばならない。演奏可能なテンポ，フレーズとブレス，ダイナミックスレンジといった実際的な配慮があろう。

３．鑑賞の活動のための教材研究と教師の役割

（１）多様性を尊重する教師の視点

　2017（平成29）年学習指導要領解説には，「幅広い活動」を目指して，多様な音楽を取り上げ親しむことの意義が次のように強調されている。

> 音楽の多様性について理解するとは，単に多くの音楽があることを知るだけではなく，人々の暮らしとともに音楽文化があり，そのことによって様々な特徴をもつ音楽が存在していることを理解することである。その理解は，自らの音楽に対する価値意識を広げ，人類の音楽文化の豊かさに気付き，尊重することにつながっていく。生徒が音楽の多様性を理解できるようにするためには，表現や鑑賞の活動を通して，個々の音楽の特徴を捉え，さらに複数の音楽を比較したり関連付けたりするなどして，それぞれの音楽の共通性や固有性を捉え，理解できるようにすることが大切である。

　音楽の多様性というが，異なる音楽文化についての理解を深めることはやはり簡単ではない。しかし，人の音楽のあり方としての多様性は，音楽科教育の本来的な目的と内容に含まれるものである。表現技術や音楽構成要素の知覚・感受という認知的な理解に収斂せず，人間にとっての音楽存在の理解の基本として大切にしたい。

　作品鑑賞にあたっての教材研究は，文学の読みの授業や美術の作品鑑賞とも共通する問題がある。その教材を通じて学習者に伝えたい「教育内容」を予め授業者が決めすぎると，個々の学習者自身の豊かな味わいの経験の可能

性を狭めてしまうというジレンマである。確かに個々の芸術作品には，それぞれに目をとめるべき音楽的構成上の特徴がある。テンポやダイナミックスの変化や，リズムパターン，メロディの反復や応答等，あるいは特徴あるフレーズに着目することで浮かび上がる曲の構成等，様々な視点が考えられる。また，歌詞や曲の題名にこめられた想念や情緒に着目し，そうした解釈をより深く適切に行うための，その楽曲の背景（作曲者や社会的・時代的背景，その音楽が位置づく文化的な背景等）を大切にすることももちろんである。これらは，授業計画を立てるにあたって「教育内容」として意識される。「音楽を形作っている要素とその働き」として内容構成して，その認知的な理解を評定し個々の学習者の評定をつけたくなる。しかし，こうした内容を授業のゴールに設定し，それら教育内容の獲得を評価することで授業を計画してしまっては，見失われるものがある。それは，授業という一回性の場で生まれ，個性的な感情に彩られたユニークな音楽経験そのものである。

　教材研究の段階で教師が掘り下げ見いだした楽曲の特徴は，それ自体が教育内容となると考えず，むしろ一人ひとりの学習者がその曲に出会う際の教材としての可能性と意識することが重要であろう。すると，授業者が特に重視したいと考えた楽曲の側面が，場合によっては後景に退き，授業の中で子どもたちが見いだした別の特徴が前面に出てくることもある。そのようなオープンエンドをむしろ歓迎できるよう，多様な側面を重層的に検討しておくことが求められるのが芸術教育ならではの教材研究の特質と難しさである。

　異文化の音楽を教材化する場合を考えてみよう。例えばインドネシアのガムラン音楽を聴かせようとする時，馴染みのなさゆえに，その音楽世界に入れない学習者もある。心地よくないとして，耳を閉ざす者もいる。教師は，自分自身がこの曲に魅力を感じ始めた入り口として，例えば舞手の所作や目の動きと鳴り物の音がぴったりと合っているのが歌舞伎と似ている等，自身の気づきをコメントする（他の生徒からも視覚的な要素を手がかりとして音の特徴にコメントする言葉が出てくるかもしれない）。

　こうした他者の気づきは，当初なじみのなさ故にそれに気づくことのでき

なかった生徒にとって，面白さに手が届くようになる足場かけ（スキャフォールディング）として機能する。他者との社会的なコミュニケーションの中で，新たな学びが生まれるのである。しかし，音楽を鑑賞することの「ゴール」はそこではない。教師が気づかせたいと思う特質や要素に耳をとめることは，鑑賞においてはむしろ入り口（エントリーポイント）であり，そこから個々の学習者が自ら経験して深めるものである。それを教師が予めゴール（教授目標）と決めることは，アートの本来的な性格に矛盾することになろう。あるいは，学習者の中から呪術的なニュアンスについて意見が出され，授業者が授業前に予想しなかった陰影をその音楽に与え，教師にとっても新たな魅力を見いだす鑑賞となることもあるかもしれない。このように芸術鑑賞においては，学びや気づきを教授目標として予め決定せず，オープンエンドの授業を行うことで，深い学びが協同の中で成立する。しかしそれは準備無くおこるのではなく，授業者自身が事前に深くその鑑賞曲を読み込み，自身の経験と聴き方とを「教材化する」ことを通して得られるものなのである。

（2）音楽と他媒体とのかかわり

　音楽が，身体の動きと密接に関わることは言をまたない。ダルクローズの音楽教育などを上げるまでもなく，身体の動きは音楽の中に感じ取られる「動き」を表現するのに最も直截でふさわしいものである。低学年の子どもたちが，教師が指示する間もなく自発的に曲に合わせて体を動かしたり走り回ることにも表れているように，音楽の実感は身体を通して表現され，強められて理解される。異なる媒体（メディア）を通した表現が，もとの表現をさらに拡大し強めていくことが考えられる。

　音は視覚的にも表現される。視覚的なパターンに人はリズムを感じ，絵画における色彩のひしめきに音楽的エネルギーを感じ取ることもある。さらに動きをもつ映像は，音楽表現を触発する媒体ともなろう。そうした多媒体を教材化するにあたっては教科の枠組みにとらわれず，美術や体育や総合など他の教科や時間とも連携しながら様々な表現をつくりだす場を設定することもできる。

　さらに，複合的な表現メディアであるオペラや歌舞伎の鑑賞や，ミュージカル等を生徒の表現活動に組み入れることも，音楽教育の持つ可能性を広げることになる。その表現のためには音楽科のみならず総合的な学習の時間をも統合する大きな単元として行うことで，豊かな実践を生み出すことができる。

4. まとめ

　教師は，教材となる楽曲を選び，それを研究して教材と成すという行為を通して，いわば学習者の学びの入り口を決める。しかし，最後のゴールはそれぞれの学び手のものであると考えるのが，芸術に求められる授業の特徴であると言えよう。画一的な答えに導かず，芸術というものの本来的な性格に基づく多様性を志向すること，これが，音楽をはじめとした芸術教科の教育を際立って魅力的に，かつ難しくする点である。

参考文献

ジョン・デューイ（市村尚久訳）（1998）『学校と社会・子どもとカリキュラム』講談社.

桂直美（2020）『芸術に根ざす授業構成論 ── デューイの芸術哲学に基づく理論と実践』東信堂.

（桂　直美）

Q 13 音楽科を指導するための教師としての資質や能力は何かについて述べなさい

1. 音楽の専門的知識・技能

　音楽科教師に求められる資質・能力の第一は，音楽の専門的な知識・技能，すなわち音楽的力量である。まず，学習対象となる多様な音楽の歴史的背景，地理的背景，民族・宗教的背景について，資料や文献調査，現地調査を通して情報を収集し，理解すること，そして，楽曲分析を行い，音楽的構造を把握することが必要である。また，教師自身が専門とする楽器等の演奏技能を追究するとともに，それを柱として音楽の指導に関わる幅広い楽器等や音楽ジャンルの演奏技能を新たに獲得することが必須である。

　これらは，いわば音楽領域の学問的な探究と言い換えることができる。音楽科教師はこれまでの経験にただ頼って指導を行うのではなく，蓄積した経験をもとに発展的に学び続けることが求められる。したがって，現在保持している専門性をより高度なものに発展させる努力と，その周辺のことがらの専門性を開発し，高めていく努力を常に行わなければならない。このことによって，音楽の専門家としての視点をもって指導を行うことができる。

　さらに，最も肝心なことは，このような学問的な探究を，音楽科の実践的文脈に沿って実際の指導に使えるものに変えていくことである。つまり，音楽の歴史的洞察や楽曲分析したことを根拠として，生徒の興味・関心をかきたてるような，分かりやすい鑑賞の授業を構成したり，生徒の実態に応じて歌唱活動を促進するために，ピアノの高度な演奏技能を駆使して，芸術性あふれる即興的な伴奏を行ったりするのである。たとえ膨大な知識をもっていても，また難曲が演奏できても，それが授業実践で生きたものにならなければ意味がない。生徒の様子をみとり，それに必要な知識や技能を教師の引き出しからいつでも引き出せるように心がけたい。

48

2．音楽科を支える教育・心理学的視点

　資質・能力の第二は，教師に普遍的に求められる教育・心理学的視点である。特に，生徒の音楽学習がどのようなメカニズムで行われるのか，音や音楽を扱う音楽科の特性上，配慮すべきことは何か，協働的な学びの場をどのように形成したらよいのかなど，音楽科の指導に必要な視点は多くある。

　一般に，音楽学習は指導者のモデル提示とその模倣によって進められる。その際に，提示されるモデルは音楽全体か，学習のポイントを絞った部分的なものか，また表現性を重視したモデルか，音高やリズムの正確さを重視したモデルかを決定する。さらに，楽譜などの視覚情報が必要かどうかも考える。例えば，リコーダーの運指を習得することをねらいとする場合，教師の運指のモデルと練習フレーズの提示を中心として，楽譜を用いないほうが効果的だろう。一方，音楽表現の工夫をねらいとする場合は，音楽の構造を視覚的に捉えるために楽譜を用いた方が効果的だろう。学習が進むに従って，生徒はモデルを模倣することから，生徒自身が学習の取り組み方を考えることができるように指導するのが適当である。最終的には，生徒が自立的に学習に取り組む音楽的態度を育成しなければならないからである。

　音や音楽を扱う音楽科は，学習対象となる音や音楽以外の音刺激（不必要な雑音や生徒の私語など）が学習の妨げとなる特性がある。これらの音刺激が原因で生徒が学習に集中できなかったり，逸脱行動が多発したりする状況があるならば，教室の音環境を整えなければならないだろう。教師の指示や発問，生徒の発言などが明確に伝わる音環境の整備が望まれる。

　音楽科は協働的な学びを中心とするが，合唱や合奏に取り組むことが必ずしも協働的な学びとなるわけではない。音楽科における協働とは，教師と生徒の間で協調的に，かつ交流を通して営まれる学習の形である。このような学習は，教師が教育・心理学的視点から教育方法を考察し，明確な教育計画に基づいて構成されるものである。

（伊藤　真）

第2章

美術科

Q1 美術科の教科目標について述べなさい

1．美術教育の目的観の歴史的変遷

　学校教育における美術教育の歴史を俯瞰すると，その目的観の変遷を「美術の教育」から「美術による教育」への移行として捉えることができる。

　明治期に美術教育が学校教育に取り入れられた際は，主に正確な描写力や技術の習得が重視された。美術の専門的知識や技能の習得などを教えることを優先する視点は「美術の教育」と捉えられ，本来は専門教育で重視されるが，当時は普通教育でも重視された。

　一方，その後の自由画教育運動や創造美育運動などを通して，児童生徒の発達や関心を考慮し，美術教育を通して個性や創造力，豊かな情操などを育むことを重視する主張が次第に広がった。専門教育ではなく普通教育としての美術教育では，人間形成を最優先の目的として重視し，美術活動をその媒介として捉えるのが「美術による教育」の視点であり，「美術の教育」に対置する目的観である。今，なぜ中学校・高等学校において美術科・芸術科美術を学ぶのか，という問いを考える時，美術教育の歴史において「美術による教育」の視点で目指してきたものに注目することが大切である。

2．中学校美術科の目標

　中学校美術科の目標は，「表現及び鑑賞の幅広い活動を通して，造形的な見方・考え方を働かせ，生活や社会の中の美術や美術文化と豊かに関わる資質・能力」を育成することである。この目標の中の「造形的な見方・考え方」は，「感性や想像力を働かせ，対象や事象を，造形的な視点で捉え，自分としての意味や価値をつくりだすこと」であり，美術科での学びの深まりの鍵となるものである。さらに目標は「知識及び技能」，「思考力，判断力，表現力等」，「学びに向かう力，人間性等」の3つの柱から示されている。

　「知識及び技能」に関しては，「対象や事象を捉える造形的な視点について

理解する」という「知識」に関する目標と，「表現方法を創意工夫し，創造的に表すことができるようにする」という「技能」に関する目標である。

「思考力，判断力，表現力等」に関する目標では，「造形的なよさや美しさ，表現の意図と工夫，美術の働きなどについて考え，主題を生み出し豊かに発想し構想を練ったり，美術や美術文化に対する見方や感じ方を深めたりすること」が目指される。

「学びに向かう力，人間性等」に関する目標は，「美術の創造活動の喜びを味わい，美術を愛好する心情を育み，感性を豊かにし，心豊かな生活を創造していく態度を養い，豊かな情操を培う」ことである。なお，「感性」という言葉は，中学校美術科では1998（平成10）年改訂学習指導要領での教科の目標から使われている重要なキーワードであり，中学校学習指導要領（平成29年告示）解説美術編において「感性とは，様々な対象や事象からよさや美しさなどの価値や心情などを感じ取る力であり，知性と一体化して人間性や創造性の根幹をなすもの」と説明されていることに留意したい。

3. 高等学校芸術科の目標

芸術科は，「芸術の幅広い活動を通して，各科目における見方・考え方を働かせ，生活や社会の中の芸術や芸術文化と豊かに関わる資質・能力」の育成を目指し，「知識及び技能」，「思考力，判断力，表現力等」，「学びに向かう力，人間性等」の3つの柱から目標が示される。芸術科美術の科目の目標は，Q2で記すように美術Ⅰ，美術Ⅱ，美術Ⅲごとに示され，創造的な美術に関する資質・能力を伸ばすことをねらいとしている。

参考文献

文部科学省（2018）『中学校学習指導要領（平成29年告示）解説　美術編』日本文教出版.

文部科学省（2019）『高等学校学習指導要領（平成30年告示）解説　芸術（音楽・美術・工芸・書道）編　音楽編　美術編』教育図書.

（石﨑和宏）

Q2 美術科の各学年目標について述べなさい

1. 中学校美術科の各学年の目標, 高等学校芸術科（美術Ⅰ・Ⅱ・Ⅲ）の目標

　平成29年改訂中学校学習指導要領, 同30年改訂高等学校学習指導要領において中学校美術科は, 第1学年と第2・3学年に分けて学年の目標が示され, 高等学校は, 美術Ⅰ, 美術Ⅱ, 美術Ⅲに分けて科目の目標が示されている。また, 目標は「知識及び技能」,「思考力, 判断力, 表現力等」,「学びに向かう力, 人間性等」の3つの柱からなる。なお, 以下では3つの柱ごとに学年（科目）での違いに下線を付して強調し, 各学年, 科目をまとめて表記する。

2. 中学校美術科の各学年の目標の変化

（1）「知識及び技能」に関する目標
　「対象や事象を捉える造形的な視点について理解する」という「知識」に関する目標とともに, 「意図に応じて表現方法を工夫して（第1学年）/自分の表見方法を追求し, 創造的に（第2・3学年）表す」という「技能」に関する目標が示されている。（下線は筆者）

（2）「思考力, 判断力, 表現力等」に関する目標
　「思考力, 判断力, 表現力等」については, まず「自然の造形や美術作品などの造形的なよさや美しさ, 表現の意図と創造的な（第2・3学年）工夫, 機能性と洗練された（第2・3学年）美しさとの調和, 美術の働きなどについて独創的・総合的に（第2・3学年）考え」という, 表現の発想や構想と鑑賞の双方に重なる資質・能力が目指される。そして「主題を生み出し豊かに発想し構想を練ったり」という表現の発想や構想に関する資質・能力と, 「美術や美術文化に対する見方や感じ方を広げたり（第1学年）/深めたり（第2・3学年）する」という鑑賞に関する資質・能力を育むことをねらいとする。

（3）「学びに向かう力, 人間性等」に関する目標
　「楽しく（第1学年）/主体的に（第2・3学年）美術の活動に取り組み創

造活動の喜びを味わい，美術を愛好する心情を<u>培い</u>（第1学年）/<u>深め</u>（第2・3学年），心豊かな生活を創造していく態度を養う」ことを目標とする。

3．高等学校芸術科（美術Ⅰ・Ⅱ・Ⅲ）の目標の変化

美術は，「美術の<u>幅広い創造的活動</u>（美術Ⅰ）/<u>創造的な諸活動</u>（美術Ⅱ・Ⅲ）を通して，造形的な見方・考え方を働かせ，美的体験を<u>重ね</u>（美術Ⅰ）/<u>深め</u>（美術Ⅱ）/<u>豊かにし</u>（美術Ⅲ），生活や社会の中の<u>多様な</u>（美術Ⅲ）美術や美術文化と<u>幅広く</u>（美術Ⅰ）/<u>深く</u>（美術Ⅱ・Ⅲ）関わる資質・能力」の育成が目標である。

（1）「知識及び技能」に関する目標

「対象や事象を捉える造形的な視点について理解を深めるとともに，意図に応じて表現方法を<u>創意工夫</u>（美術Ⅰ・Ⅱ）/<u>追求</u>（美術Ⅲ）し，<u>個性豊かで</u>（美術Ⅱ）/<u>個性を生かして</u>（美術Ⅲ）創造的に表すこと」が目指される。

（2）「思考力，判断力，表現力等」に関する目標

「造形的なよさや美しさ，<u>独創的な</u>（美術Ⅲ）表現の意図と<u>創意工夫</u>（美術Ⅰ）/<u>創造的な工夫</u>（美術Ⅱ・Ⅲ），美術の働きなどについて考え，主題を<u>生成し創造的に</u>（美術Ⅰ）/<u>個性豊かに</u>（美術Ⅱ）/<u>個性を生かして</u>（美術Ⅲ）発想し構想を練ったり，<u>価値意識をもって</u>（美術Ⅰ）/<u>自己の価値観を高めて</u>（美術Ⅱ）/<u>自己の価値観を働かせて</u>（美術Ⅲ）美術や美術文化に対する見方や感じ方を深めたりすること」が目標として示されている。

（3）「学びに向かう力，人間性等」に関する目標

「主体的に美術の<u>幅広い創造活動</u>（美術Ⅰ）/<u>創造的な諸活動</u>（美術Ⅱ・Ⅲ）に取り組み，生涯にわたり美術を愛好する心情を育むとともに，<u>感性と美意識</u>（美術Ⅱ・Ⅲ）を<u>高め</u>（美術Ⅰ・Ⅱ）/<u>研き</u>（美術Ⅲ），美術文化に<u>親しみ</u>（美術Ⅰ・Ⅱ）/<u>尊重し</u>（美術Ⅲ），心豊かな生活や社会を創造していく態度を養う」ことが目指される。

参考文献

文部科学省（2018）『中学校学習指導要領（平成29年告示）解説　美術編』日本文教出版.　　　　　　　　　　　　　　　　　　　　　（石﨑和宏）

Q3 「A表現」の内容構成について述べなさい

1. 中学校美術科「A表現」の内容構成

　「A表現」は，「B鑑賞」，「〔共通事項〕」と共に中学校美術科を構成する内容の１つである。「A表現」は，資質・能力である「思考力，判断力，表現力等」（「A表現」(1)）に関する内容と，「技能」（「A表現」(2)）に関する内容の２つで構成される。絵画や彫刻といった美術の様式でないことに気をつけたい。表現における「知識」は〔共通事項〕で，「学びに向かう力，人間性等」は一体的，総合的に取り扱うので，ここでは述べない。また，中学校の３年間は「第１学年」（年間45時間）と「第２学年及び第３学年」（年間35時間ずつ＝２学年計70時間）の２期に分けてそれぞれ示される。

（1）「思考力，判断力，表現力等」に関する各学年の内容の違い（下線）

　「思考力，判断力，表現力等」に関する内容は，発想や構想に関する資質・能力である。全学年で「ア　感じ取ったことや考えたことなどを基に，絵や彫刻などに表現する活動を通して，発想や構想に関する次の事項を身に付けることができるよう指導する」「イ　伝える，使うなどの目的や機能を考え，デザインや工芸などに表現する活動を通して，発想や構想に関する次の事項を身に付けることができるよう指導する」の２つが示される。

　アは「絵や彫刻など」をはじめとした多様な表現における，感じ取ったことや考えたことなどを基に表現する活動，いわゆる心象表現の発想や構想に関する事項で，次のように示される。

　「(ア) 対象や事象を深く（第２・３学年）見つめ感じ取った形や色彩の特徴や美しさ，想像したこと（第１学年）/ことや考えたこと，夢，想像や感情などの心の世界（第２・３学年）などを基に主題を生み出し，全体と部分との関係（第１学年）/単純化や省略，強調，材料の組合せ（第２・３学年）などを考え，創造的な構成を工夫し，心豊かに表現する構想を練ること」（下線筆者）

　イは「デザインや工芸など」をはじめとした多様な表現における，伝える，使うなどの目的や機能を考えて表現する活動，いわゆる目的表現の発想や構想に関する事項で，次のように示される。

　「(ア) 構成や装飾の目的や条件などを基に，<u>対象の特徴や用いる場面</u>（第1学年）/<u>用いる場面や環境，社会との関わり</u>（第2・3学年）などから主題を生み出し，美的感覚を働かせて調和のとれた<u>洗練された</u>（第2・3学年）美しさなどを<u>総合的に</u>（第2・3学年）考え，表現の構想を練ること」これは，目的や条件のうち，包装紙のデザインなど構成や装飾に関わるものである。

　「(イ) 伝える目的や条件などを基に，伝える相手や内容，<u>社会との関わり</u>（第2・3学年）などから主題を生み出し，<u>分かりやすさ</u>（第1学年）/<u>伝達の効果</u>（第2・3学年）と美しさなどとの調和を<u>総合的に</u>（第2・3学年）考え，表現の構想を練ること」これは，目的や条件のうち，ポスターなど伝達に関わるものである。

　「(ウ) 使う目的や条件などを基に，使用する者の<u>気持ち，材料</u>（第1学年）/<u>立場，社会との関わり，機知やユーモア</u>（第2・3学年）などから主題を生み出し，使いやすさや機能と美しさなどとの調和を<u>総合的に</u>（第2・3学年）考え，表現の構想を練ること」これは，目的や条件のうち，篆刻など用途や機能に関わるものである。

(2)「技能」に関する各学年の内容の違い（下線）

　「技能」に関する内容は，全学年で「ア　発想や構想をしたことなどを基に，表現する活動を通して，技能に関する次の事項を身に付けることができるよう指導する」とし，次のように示される。

　「(ア) 材料や用具の<u>生かし方などを身に付け</u>（第1学年）/<u>特性を生かし</u>（第2・3学年），意図に応じて<u>工夫して</u>（第1学年）/<u>自分の表現方法を追求して創造的に</u>（第2・3学年）表すこと」

　「(イ) 材料や用具，<u>表現方法</u>（第2・3学年）の特性などから制作の順序などを<u>総合的に</u>（第2・3学年）考えながら，見通しをもって表すこと」

2．高等学校芸術科（美術Ⅰ・Ⅱ・Ⅲ）「A表現」の内容構成

　中学校美術科「A表現」の内容構成と同様，「思考力，判断力，表現力等」に関する内容と，「技能」に関する内容の２つで構成される。

　違いは，中学校美術科では「思考力，判断力，表現力等」の事項が「ア　絵や彫刻など」の心象表現と，「イ　デザインや工芸など」の目的表現の２つに分けられたが，高等学校芸術科（美術Ⅰ・Ⅱ・Ⅲ）では「(1) 絵画・彫刻」「(2) デザイン」「(3) 映像メディア表現」の分野に分けられている点である。また芸術科（工芸Ⅰ・Ⅱ・Ⅲ）が存在するため，工芸に関する内容が含まれない。

(1)「思考力，判断力，表現力等」に関する各科目の内容の違い（下線）

　「(1) 絵画・彫刻」では，「ア　感じ取ったことや考えたことなどを基にした発想や構想」として，「(ア) 自然や自己，生活などを（美術Ⅰ）/社会などを深く（美術Ⅱ・Ⅲ）見つめ感じ取ったことや考えたこと，夢や想像（美術Ⅰ）などから独創的な（美術Ⅲ）主題を生成すること（美術Ⅰ・Ⅱ）/し，主題に応じた表現の可能性について考え，個性を生かして創造的な表現の構想を練ること。（美術Ⅲ）」及び「(イ) 主題に応じて（美術Ⅱ）表現形式の特性を生かし，形体や色彩，構成など（美術Ⅰ）について考え，個性豊かで（美術Ⅱ）創造的な表現の構想を練ること」（美術Ⅲなし）が示される。

　「(2) デザイン」では，「ア　目的や機能などを考えた発想や構想」として，「(ア) 目的や条件などを基に（美術Ⅱ・Ⅲ），美しさなどを考え（美術Ⅰ）/人と社会をつなぐデザインの働きについて考え（美術Ⅱ）/デザインの社会的な役割について考察して（美術Ⅲ）独創的な（美術Ⅲ）主題を生成すること。（美術Ⅰ，Ⅱ）/し，主題に応じた表現効果を考え，個性を生かして創造的な表現の構想を練ること（美術Ⅲ）。」及び「(イ) 社会における（美術Ⅱ）デザインの機能や効果，表現形式の特性などについて考え，個性豊かで（美術Ⅱ）創造的な表現の構想を練ること」（美術Ⅲなし）が示される。

　「(3) 映像メディア表現」では，「ア　映像メディアの特性を踏まえた発想や構想」として，「(ア) 感じ取ったことや考えたこと，目的や機能などを基

に（美術Ⅰ）/自然や自己，人と社会とのつながりなどを深く見つめ，（美術Ⅱ）映像メディアの特性を生かして独創的な（美術Ⅲ）主題を生成すること。（美術Ⅰ，Ⅱ）/し，主題に応じた表現の可能性や効果について考え，個性を生かして創造的な表現の構想を練ること（美術Ⅲ）。」及び「（イ）色光や視点，動きなどの映像表現の視覚的な要素の働き（美術Ⅰ）/映像表現の視覚的な要素などの効果的な生かし方（美術Ⅱ）について考え，個性豊かで（美術Ⅱ）創造的な表現の構想を練ること。」（美術Ⅲなし）が示される。

（2）「技能」に関する各科目の内容の違い（下線）

「（1）絵画・彫刻」では，「（ア）意図に応じて材料や用具の特性を生かすこと。（美術Ⅰ）/主題に合った表現方法を（美術Ⅱ・Ⅲ）創意工夫（美術Ⅱ）/追求（美術Ⅲ）し，個性豊かで（美術Ⅱ）/を生かして（美術Ⅲ）創造的に表すこと。（美術Ⅱ・Ⅲ）」及び「（イ）表現方法を創意工夫し，主題を追求して創造的に表すこと。（美術Ⅰ）」（美術Ⅱ・Ⅲなし）が示される。

「（2）デザイン」では，「（ア）意図に応じて材料や用具の特性を生かすこと。（美術Ⅰ）/主題に合った表現方法を（美術Ⅱ・Ⅲ）創意工夫（美術Ⅱ）/追求（美術Ⅲ）し，個性豊かで（美術Ⅱ）/を生かして（美術Ⅲ）創造的に表すこと。（美術Ⅱ・Ⅲ）」及び「（イ）表現方法を創意工夫し，目的や計画を基に創造的に表すこと。（美術Ⅰ）」（美術Ⅱ・Ⅲなし）が示される。

「（3）映像メディア表現」では，「（ア）意図に応じて映像メディア機器等の用具の特性を生かすこと。（美術Ⅰ）/主題に合った表現方法を（美術Ⅱ・Ⅲ）創意工夫（美術Ⅱ）/追求（美術Ⅲ）し，個性豊かで（美術Ⅱ）/を生かして（美術Ⅲ）創造的に表すこと。（美術Ⅱ・Ⅲ）」及び「（イ）表現方法を創意工夫し，表現の意図を効果的に表すこと。（美術Ⅰ）」（美術Ⅱ・Ⅲなし）が示される。

（三根和浪）

Q4 「B鑑賞」の内容構成について述べなさい

1. 中学校美術科「B鑑賞」の内容構成

　資質・能力の「思考力，判断力，表現力等」によって構成され，感じ取ったり考えたりすることを中心に取り上げる。鑑賞における「知識」は〔共通事項〕で，「学びに向かう力，人間性等」は一体的，総合的に取り扱うので，ここでは述べない。

　鑑賞に関する資質・能力として，アでは「美術作品などの見方や感じ方」を通して育成する資質・能力，イでは「生活の中の美術の働きや美術文化についての見方や感じ方」を通して育成する資質・能力が示される。

（1）「思考力，判断力，表現力等」に関する各学年の内容の違い（下線）

　「ア　美術作品などの見方や感じ方を<u>広げる</u>（第1学年）/<u>深める</u>（第2・3学年）活動」では，2つの指導事項「(ア)　造形的なよさや美しさを感じ取り，作者の心情や表現の意図と<u>創造的な</u>（第2・3学年）工夫などについて考えるなどして，<u>美意識を高め，</u>（第2・3学年）見方や感じ方を<u>広げる</u>（第1学年）/<u>深める</u>（第2・3学年）こと」及び「(イ) 目的や機能との調和のとれた<u>洗練された</u>（第2・3学年）美しさなどを感じ取り，作者の心情や表現の意図と<u>創造的な</u>（第2・3学年）工夫などについて考えるなどして，<u>美意識を高め</u>（第2・3学年），見方や感じ方を<u>広げる</u>（第1学年）/<u>深める</u>（第2・3学年）こと」が示される。（下線筆者）

　「イ　<u>生活や社会</u>（第2・3学年）の中の美術の働きや美術文化についての見方や感じ方を<u>広げる</u>（第1学年）/<u>深める</u>（第2・3学年）活動」では，同様に2つの指導事項「(ア)　<u>身の回りにある自然物や人工物の形や色彩，材料などの</u>（第1学年）/<u>身近な環境の中に見られる</u>（第2・3学年）造形的な美しさなどを感じ取り，<u>安らぎや自然との共生などの視点から</u>（第2・3学年）<u>生活や社会</u>（第2・3学年）を美しく豊かにする美術の働きについて考えるなどして，見方や感じ方を<u>広げる</u>（第1学年）/<u>深める</u>（第

2・3学年）こと」「（イ）身近な地域や日本及び諸外国の文化遺産など（第
1学年）/日本の美術作品や受け継がれてきた表現の特質などから，伝統や
文化（第2・3学年）のよさや美しさなど（第1学年）を感じ取り，美術文
化（第1学年）/愛情を深めるとともに，諸外国の美術や文化との相違点や
共通点に気付き，美術を通した国際理解や美術文化の継承と創造について考
えるなどして，見方や感じ方を広げる（第1学年）/深める（第2・3学年）
こと」が示される。

２．高等学校芸術科（美術Ⅰ）「Ｂ鑑賞」の内容構成

　構造は中学校美術科と同様で，資質・能力の「思考力，判断力，表現力等」
によって構成され，「ア　美術作品などの見方や感じ方を深める鑑賞」，「イ
生活や社会の中の美術の働きや美術文化についての見方や感じ方を深める鑑
賞」から成る。鑑賞の「知識」は〔共通事項〕で，「学びに向かう力，人間
性等」は一体的，総合的に取り扱うので，ここでは述べない。

（1）「思考力，判断力，表現力等」に関する内容の概要

　アでは3つの指導事項が示される。（ア）は「造形的なよさや美しさを感
じ取り，作者の心情や意図と創造的な表現の工夫などについて考え」とし，
（イ）は「目的や機能との調和のとれた洗練された美しさなどを感じ取り，
作者の心情や意図と創造的な表現の工夫などについて考え」とし，（ウ）は
「映像メディア表現の特質や表現効果などを感じ取り，作者の心情や意図と
創造的な表現の工夫などについて考え」とし，全て「見方や感じ方を深める
こと」が示される。

　イでは2つの指導事項が示される。（ア）は，「環境の中に見られる造形的
なよさや美しさを感じ取り，自然と美術との関わり，生活や社会を心豊かに
する美術の働きについて考え」とし，（イ）は「日本及び諸外国の美術作品
や文化遺産などから美意識や創造性などを感じ取り，日本の美術の歴史や表
現の特質，それぞれの国の美術文化について考え」とし，共に「見方や感じ
方を深めること」が示される。

（三根和浪）

Q5 美術科における〔共通事項〕について述べなさい

1.〔共通事項〕とはなにか

　〔共通事項〕は，中学校美術科においても高等学校芸術科（美術Ⅰ・Ⅱ・Ⅲ）においても，「表現及び鑑賞の学習において共通に必要となる資質・能力」である。平成20年改訂学習指導要領で中学校美術科に新設され，平成29年改訂でも引き続き設けられた（小学校図画工作科も同）。高等学校芸術科では，平成30年の改訂で各科目（音楽，美術，工芸，書道：各Ⅰ・Ⅱ・Ⅲ）に新設された。

　「共通」とは，「A表現」「B鑑賞」間の「共通」だけでなく，その項目や事項の全てに「共通」であり，発想や構想，技能，鑑賞に関する資質・能力に「共通」して働くという意味である。

　〔共通事項〕は，中学校美術科・高等学校芸術科（美術Ⅰ・Ⅱ・Ⅲ）共に，造形的な視点を豊かにするために必要な「知識」と位置付けられ，この観点から整理した指導事項（「次の事項を身に付けることができるよう指導する」）である。小学校図画工作科の〔共通事項〕が「知識」「思考力，判断力，表現力等」の2観点から整理した指導事項になっていることとは異なる。

　表記は，一般名詞の「共通事項」でなく，専門用語として亀甲括弧（〔　〕）を付した「〔共通事項〕」である。括弧がなかったり，角括弧（〔　〕）を使用したりした間違いの例が見られる。

2.〔共通事項〕の指導

　中学校美術科でも高等学校芸術科（美術Ⅰ・Ⅱ・Ⅲ）でも，「『A表現』及び『B鑑賞』の指導を通して，次の事項を身に付けることができるよう指導する」とされている。

　重要なのは，「『A表現』及び『B鑑賞』の指導を通して」の部分である。指導事項だから指導しなければならないのだが，教えるべき知識として，挙

げられた事項のみを独立して指導したり機械的に暗記させたりするのではないことに注意する必要がある。生徒が実際に表現したり鑑賞したりするなかで〔共通事項〕との関連を図り，感性や想像力を働かせることによって，示された性質や効果やイメージなどを実感を伴いながら理解し，造形を豊かに捉える多様な視点がもてるようになることが大切である。即ち，生きて働く知識，概念的な知識として獲得できるよう指導することが求められている。

3．中学校美術科の〔共通事項〕

　第1学年でも，第2学年及び第3学年でも，共通して「ア 形や色彩，材料，光などの性質や，それらが感情にもたらす効果などを理解すること」「イ 造形的な特徴などを基に，全体のイメージや作風などで捉えることを理解すること」の2点が示されている。

　アは，形や色彩ほかの造形諸要素に着目し「木を見る」と喩えられている。そしてその働きを捉えることができるよう，「丸い形は落ち着いた感じがする」などの性質や効果について理解することを示している。イは，対象の全体に着目し「森を見る」と喩えられている。そして「この川の流れは竜に見える（見立て）」や「この空の色は私の気持ちのようだ（心情と関連付けたイメージの把握）」などと捉えたりすることなどを理解することを示している。

4．高等学校芸術科（美術Ⅰ・Ⅱ・Ⅲ）の〔共通事項〕

　中学校美術科と内容的にほぼ同様で，美術Ⅰ・Ⅱ・Ⅲで共通して「ア 造形の要素の働きを理解すること」「イ 造形的な特徴などを基に，全体のイメージや作風，様式などで捉えることを理解すること」の2点が示されている。

　アは中学校美術科同様「木を見る」と喩えられ，造形要素の働きを理解する指導事項，イは「森を見る」と喩えられ，造形的な特徴などから全体のイメージや作風，様式などで大きく捉えることを理解する指導事項である。

（三根和浪）

Q6 「A表現」の指導事項と配慮について述べなさい

1．中学校美術科

　2017（平成29）年に告示された中学校美術科学習指導要領の「A表現」には2つの項目が設定されており，各項目にはそれぞれ指導内容及び指導事項が規定されている。指導事項について理解するには，項目及び指導内容の把握が不可欠なため，まず，「A表現」の項目及び指導内容についておさえておきたい。

　「A表現」の項目には，発想や構想に関する資質・能力を育成する項目と，技能に関する資質・能力を育成する項目が設定されている。表現の学習では，これらを組み合わせて題材を構成することとしており，発想や構想に関する内容と技能に関する内容が学習のねらいとして位置付けられている。このうち，発想や構想に関する資質・能力の項目には，感じ取ったことや考えたことなどを基にした発想や構想と，目的や機能などを考えた発想や構想の2つの指導内容がある。前者は絵や彫刻などに表現する活動，後者はデザインや工芸などに表現する活動であり，発想や構想に関する資質・能力については表現の性格に合わせ，心象表現と適応表現に分かれている。ただし，ここでは「など」とあるように，指導の際に厳密に表現分野を限定するものではなく，多様な表現へと柔軟に取り組むことができるよう配慮されている。また，技能に関する資質・能力の項目は，絵や彫刻及びデザインや工芸などに表現する活動で用いる技能には基本的に違いが無いため，指導内容は発想や構想をしたことなどを基に表す技能の1つにまとめられている。

　以上のように，発想や構想に関する項目に2つ，技能に関する項目に1つの指導内容が示されているが，それぞれに指導事項が設定されている。学習指導要領解説によると，発想や構想に関する項目のうち，絵や彫刻などに表現する活動の指導事項の概要は，「感じ取ったことや考えたことなどを基にした発想や構想」である。対象や事象を見つめ，感じ取った形や色彩などか

ら主題を生み出し，構成を工夫して表現の構想を練ることがその内容である。これに対し，デザインや工芸などに表現する活動の指導事項は，「構成や装飾を考えた発想や構想」，「伝達を考えた発想や構想」，「用途や機能などを考えた発想や構想」の3つがその概要であり，目的や条件から主題を生み出し，表現の構想を練ることが示されている。2017（平成29）年改訂学習指導要領では，発想や構想に関する全ての指導事項に「主題を生み出すこと」が位置付けられており，主題の創出やその過程を重視し，生徒が表したいことを豊かに発想，構想できるよう指導の工夫が求められている。また，技能に関する指導事項の概要は，「創意工夫して表す技能」と「見通しをもって表す技能」であり，材料や用具の生かし方を身に付け，意図に応じて表すことや制作の順序などを考え，見通しをもって表すことが明記されている。

　「A表現」の指導事項は，第1学年のものを第2・第3学年で発展させるものとなっており，第1学年では美術学習への意欲や態度，基礎的能力の育成を重視し，第2・第3学年では単純化や省略，強調，材料の組合せなどを考えさせたり，社会との関わりなどから主題を生み出したりするなど，生徒の発達段階や学びの実態に応じたものになっている。また，技術面に関しては，第2・第3学年では自分の表現方法を追求し，より創造的かつ総合的に考えることをねらいとしている。

　学習指導要領では，「A表現」及び「B鑑賞」の学習において共通に必要となる資質・能力として〔共通事項〕が示されている。第1学年，第2・第3学年とも同一内容で，「形や色彩などの性質や感情にもたらす効果の理解」と「全体のイメージや作風などで捉えることの理解」の2つが規定されている。これらは，造形的な視点を豊かにするために必要な知識として位置付けられており，形や色彩，材料，光などの性質や，造形的な特徴などから全体のイメージを理解することで表現や鑑賞に関する資質・能力を高めていくことをねらいとするものである。

　今回の学習指導要領の改訂で内容の取扱いが新たに設定され，指導上の配慮点が明示された。表現の指導にあたっては〔共通事項〕に留意し，第1学年で内容に示された各事項の定着を図り，第2・第3学年では第1学年で身

に付けた資質・能力を柔軟に活用できるよう配慮したい。また，生徒の発達に考慮しながら，表現及び鑑賞活動の相互の関連や，各題材に充てる時間数を十分に検討することが必要である。表現と鑑賞学習との関連では，発想や構想及び鑑賞に関する資質・能力の育成という観点から，アイディアスケッチで構想を練ったり，言葉で考えを整理したり，互いに説明し合う活動を通して対象の見方や感じ方を広げられるような指導が求められている。小学校図画工作科の学習経験を生かして，中学生の時期における生徒の成長や興味，関心を踏まえ，創造的な表現ができるよう指導したい。

2．高等学校芸術科美術Ⅰ・Ⅱ・Ⅲ

　2018（平成30）年に告示された学習指導要領では，高等学校芸術科美術「A表現」の項目は，絵画・彫刻，デザイン，映像メディア表現の3つの分野で構成されている。各分野の指導内容には，発想や構想に関する資質・能力と，発想や構想をしたことを基に創造的に表す技能の2つが示され，各指導内容には中学校同様，指導事項が設定されている。

　美術Ⅰにおける発想や構想に関する指導内容には，絵画・彫刻では感じ取ったことや考えたことなどを基にした発想や構想，デザインでは目的や機能などを考えた発想や構想，映像メディア表現では映像メディアの特性を踏まえた発想や構想が設定されている。学習指導要領解説によれば，各指導事項の概要は「主題の生成」と「創造的な表現の構想」である。具体的には，絵画・彫刻では自然や自己の内面などから主題を生成し，表現の構想を練ること，デザインでは目的や条件，機能や効果などを考え表現の構想を練ること，映像メディア表現ではその特性を生かして主題を生成し，映像表現の視覚的な要素の働きを考え，表現の構想を練ることである。

　一方，技能に関する指導内容は，各分野とも発想や構想をしたことを基に創造的に表す技能で統一されている。絵画・彫刻及びデザインの指導事項の概要は，「材料や用具を生かす技能」と「創造的に表す技能」の2つであり，映像メディア表現では，「映像メディア機器等の用具を生かす技能」と「効果的に表す技能」の2つが示されている。技能に関しては3分野とも意図に

応じて材料や用具の特性を生かし，表現方法を創意工夫しながら創造的，効果的に表すこととなっている。

　「A表現」の指導事項は美術Ⅰを基本とし，美術Ⅱ及び美術Ⅲは内容的に整理されてはいるが，段階的に発展させたものである。例えば，美術Ⅰでは各指導内容に2つずつ指導事項が示されているが，美術Ⅱの技能に関しては1つに集約され，さらに美術Ⅲでは発想や構想に関する指導事項も1つにまとめられている。指導事項を概括すれば，美術Ⅰにおける学習を踏まえ，美術Ⅱにおいては，より個性や人と社会とのつながりを意識するものとなり，美術Ⅲでは独創的な主題の生成を意図した内容になっている。

　今回の学習指導要領の改訂で，美術Ⅰから美術Ⅲに〔共通事項〕が設定され，表現及び鑑賞の学習において共通に必要となる資質・能力として，造形要素の働きの理解や，全体のイメージや作風，様式などで捉えることの理解が明記された。指導にあたっては〔共通事項〕に示された内容に留意しつつ，生徒が造形を豊かに捉える多様な視点が持てるよう配慮したい。さらに，生徒の特性や学校及び地域の実態を考慮し，絵画と彫刻のいずれかの選択や両者を一体的に扱うこと，デザインと映像メディア表現に関しても選択して扱うことができるとしており，感じ取ったことや考えたことなどを基にした表現と，目的や機能などを踏まえた表現の学習が調和的に実施できるよう配慮したい。

参考文献

文部科学省（2018）『中学校学習指導要領（平成29年告示）解説　美術編』
　　日本文教出版.

文部科学省（2019）『高等学校学習指導要領（平成30年告示）解説　芸術
　　（音楽　美術　工芸　書道）編　音楽編　美術編』教育図書.

（蜂谷昌之）

Q7 「B鑑賞」の指導事項と配慮について述べなさい

1. 中学校美術科

　2017（平成29）年に告示された中学校美術科学習指導要領の「B鑑賞」には，鑑賞に関する資質・能力の育成に関する一項目が設定されている。その指導内容には，美術作品などに関する鑑賞と，美術の働きや美術文化に関する鑑賞があり，各指導内容に対して2つずつ指導事項が示されている。

　まず，美術作品などに関する鑑賞の指導事項は2つあり，学習指導要領解説によると，その概要は「感じ取ったことや考えたことなどを基にした表現に関する鑑賞」と「目的や機能などを考えた表現に関する鑑賞」である。絵や彫刻，デザイン，工芸などの造形的なよさや美しさを感じ取り，作者の意図や表現の工夫について考え，見方や感じ方を深めることを目指す内容である。これらは，「A表現」の絵や彫刻などの感じ取ったことや考えたことなどを基にした表現と，デザインや工芸などの目的や機能などを考えた表現との関連を意図しており，発想や構想と鑑賞に関する資質・能力を働かせた学習が深められるよう設定されている。一方，美術の働きや美術文化に関する鑑賞の指導事項の概要は，「生活や社会を美しく豊かにする美術の働きに関する鑑賞」と「美術文化に関する鑑賞」である。身近な環境にみられる造形や文化遺産などの造形的なよさや美しさなどを感じ取り，社会における美術の働きや美術文化について考え，見方や感じ方を深めることが示されている。第2・第3学年の指導事項は第1学年のものを発展させたものであり，美術を通した国際理解などを考え，鑑賞を深める内容になっている。

　「B鑑賞」の指導においては，美術作品などに関する学習と，美術の働きや美術文化に関する学習の全ての指導事項の定着を図るよう留意したい。また，〔共通事項〕の内容を踏まえ，鑑賞学習において作品などに対する自分の価値意識をもって批評し合うなどして，対象の見方や感じ方を深めるなどの言語活動の充実を図るよう指導を行いたい。

2．高等学校芸術科美術Ⅰ・Ⅱ・Ⅲ

2018（平成30）年に告示された学習指導要領では，高等学校芸術科美術「Ｂ鑑賞」は中学校と同様，美術作品などに関する鑑賞と，美術の働きや美術文化に関する鑑賞の２つの指導内容で構成されている。

美術Ⅰにおける美術作品などに関する鑑賞の指導事項は３つあり，学習指導要領解説によれば，その概要は，「感じ取ったことや考えたことなどを基にした絵画・彫刻に関する鑑賞」，「目的や機能などを考えたデザインに関する鑑賞」，「映像メディアの特性を踏まえた表現に関する鑑賞」である。また，美術の働きや美術文化に関する鑑賞の指導事項は２つあり，その概要は，「美術の働きに関する鑑賞」と「美術文化に関する鑑賞」である。いずれも，自分の見方や感じ方を大切にしながら，美術作品や美術の働き，あるいは美術文化に対する見方や感じ方を深めることをねらいとしている。

美術Ⅱの指導事項は，美術作品などに関する鑑賞及び美術の働きや美術文化に関する鑑賞それぞれに２つ，美術Ⅲでは各指導内容に１つの指導事項が示されている。美術Ⅱ及び美術Ⅲは美術Ⅰを基本に内容的に整理される部分はあるが，発展的なものとなっている。

鑑賞学習の指導にあたっては，中学校美術科との関連や〔共通事項〕に留意するとともに，表現及び鑑賞活動の関連を図ることが求められている。また，鑑賞の指導では，日本の美術も重視して扱うことやアジアの美術なども扱うよう留意したい。さらに，美術Ⅲでは，美術作品などに関する鑑賞と，美術の働きや美術文化に関する鑑賞のうち，１つ以上を選択して扱うことができるとされており，生徒の特性や学校，地域の実態などを考慮し，発展的な学習ができるよう柔軟かつ教育効果を見据えた指導計画を構想したい。

参考文献
文部科学省（2018）『中学校学習指導要領（平成29年告示）解説　美術編』日本文教出版.

文部科学省（2019）『高等学校学習指導要領（平成30年告示）解説　芸術（音楽　美術　工芸　書道）編　音楽編　美術編』教育図書.（蜂谷昌之）

Q8 美術科における評価法について述べなさい

1．評価の目的

　美術科の表現では，生徒それぞれが自分の表したいことを心に抱き，手順を計画し，またその過程で新たに表したいことが発展，変化していく。そして，過去の作品等に学びながらも自分らしい工夫を加えていく創造的な取り組みが奨励される。鑑賞においても，所定の知識を身につけることよりも，自らの力で作品などの意味を探究できることが求められる。このように，個別性と創造性を重視する美術科において，一律の規準で生徒の学習を評価することは困難に思われるだろう。

　この困難な過程を支える柱となるのは，評価は生徒一人ひとりの力を伸ばすために行うのだという目的観である。生徒に適切な指導助言を行う上で，その学習状況を把握することは必須である。また，教師が自らの授業展開を振り返り，指導方法の改善を継続的に行っていくために評価は欠かせない。

2．評価規準の作成

表2-8-1　中学校美術科における評価の観点及び趣旨

観点	趣旨
知識・技能	・対象や事象を捉える造形的な視点について理解している。 ・表現方法を創意工夫し，創造的に表している。
思考・判断・表現	造形的なよさや美しさ，表現の意図と工夫，美術の働きなどについて考えるとともに，主題を生み出し豊かに発想し構想を練ったり，美術や美術文化に対する見方や感じ方を深めたりしている。
主体的に学習に取り組む態度	美術の創造活動の喜びを味わい主体的に表現及び鑑賞の幅広い学習活動に取り組もうとしている。

（文部科学省初等中等局〔2019〕
「各教科等・各学年等の評価の観点等及びその趣旨」より抜粋・編集）

　学習指導要領に基づいて，授業で育てる具体的な目標を明確に記述するとともに，「知識・技能」「思考・判断・表現」「主体的に学習に取り組み態度」の

3観点に対応する評価規準（生徒の学習が「おおむね満足できる」水準に達する姿を質的に記述したもの）を設定する。表2-8-1は文部科学省が2019年に提示した資料の抜粋であるが，これらの趣旨を参考に，その授業で行う具体的な学習活動に応じて，より適切な記述へと発展させることが望まれる。

3．評価の実践

　評価の実践においては，授業の目標と評価規準に基づいて生徒の状況を把握し，指導に生かすという方針を貫くことである。そして，授業の中で生徒が見せる行動とその変容に着目し，生徒との対話，映像記録，ポートフォリオ等を用いた生徒自身による学習過程の記録（ワークシートやスケッチブック，デジタルデータでの保存などを含む），完成した作品や鑑賞文など，複数の根拠を計画的に組み合わせながら複合的な視点で行うよう努める。

　生徒が自己評価を生かしながら学ぶとともに，学習上のつまずきの克服や，さらなる発展へと，評価を通して教師が生徒と共に考え，より深い指導・助言を目指していくことが望まれる。

参考文献

国立教育政策研究所（2020）『「指導と評価の一体化」のための学習評価に関する参考資料【中学校　美術】』東洋館出版社.

文部科学省初等中等局（2019）「小学校，中学校，高等学校及び特別支援学校等における児童生徒の学習評価及び指導要録の改善等について（通知）　別紙4　各教科等・各学年等の評価の観点等及びその趣旨」.

（直江俊雄）

Q9 「造形的な見方・考え方」について述べなさい

1. 各教科等の「見方・考え方」と「造形的な見方・考え方」

　各教科等の「見方・考え方」は深い学びの鍵であり，「どのような視点で物事を捉え，どのような考え方で思考していくのか」という「その教科等ならではの物事を捉える視点や考え方」，「各教科等を学ぶ本質的な意義の中核をなすもの」，「教科等の学習と社会をつなぐもの」と位置づけられる。

　2016年8月「審議のまとめ」では，中学校美術科，高等学校芸術科（美術）（小学校図画工作科，高等学校芸術科〈工芸〉も同）で見方・考え方を「造形的な見方・考え方」とし，中学校美術科では「感性や想像力を働かせ，対象や事象を，造形的な視点で捉え，自分としての意味や価値をつくりだすこと」，高等学校芸術科（美術）では「感性や美的感覚，想像力を働かせ，対象や事象を，造形的な視点で捉え，新しい意味や価値をつくりだすこと」と整理した。

　平成29・30年改訂学習指導要領の美術系教科・科目の目標文には，共通して「〜活動を通して，造形的な見方・考え方を働かせ」と入っている。中学校美術科でも高等学校芸術科（美術Ⅰ・Ⅱ・Ⅲ）でも，中心的な学びとして位置づけられる「対話的な学び」や「深い学び」の実現には，この造形的な見方・考え方を働かせることが重要である。

2. 中学校美術科の「造形的な見方・考え方」

　平成29年改訂学習指導要領解説で，造形的な見方・考え方は少し詳しく「美術科の特質に応じた物事を捉える視点や考え方として，表現及び鑑賞の活動を通して，よさや美しさなどの価値や心情などを感じ取る力である感性や，想像力を働かせ，対象や事象を，造形的な視点で捉え，自分としての意味や価値をつくりだすこと」と示されている。

　重要なのは，「感性や，想像力を働かせ」の下りには隠れ主語「生徒が」

があることである。生徒が自分の感性や想像力を働かせて表現や鑑賞をすることが中学校美術科の本質である。自己判断・自己決定をすることが欠かせない。しかし現実には「気に入られようと生徒が先生の感性や想像力を忖度し」「先生が生徒の理解や共感なく表し方を指示し」などの実態が否定できない。あくまで生徒が自分の感性や想像力を働かせる指導が求められる。

　「自分としての意味や価値をつくりだす」こともまた重要である。美術という行為は，絵を描いたり彫刻をつくったりすることのみを言うのではない。むしろそれらの行為を通して，生徒本人が自分の感性や想像力と向き合い，問いかけ，自分としての意味や価値をつくりだすことが大切である。例えば，青色の意味は「涼しい」と固定的に感じなければならないのでなく，真夏の青空をイメージして「焼けるような暑さ」と感じる自分がいて間違いではないし，それが成立する美術の世界のよさを生かす必要がある。

3．高等学校芸術科（美術）の見方・考え方

　高等学校芸術科（美術Ⅰ・Ⅱ・Ⅲ）で共通して「美術の特質に応じた物事を捉える視点や考え方として，表現及び鑑賞の活動を通して，感性や美意識，想像力を働かせ，対象や事象を造形的な視点で捉え，自分としての意味や価値をつくりだすこと」である。中学校美術科と基本的にほぼ同じで，「美意識」など発達段階に即した語が入り，より豊かな見方・考え方が示される。

参考文献・URL

中央教育審議会教育課程部会（2016）「次期学習指導要領等に向けたこれまでの審議のまとめ（第2部）（図画工作，美術，芸術（美術，工芸），芸術（書道），家庭，技術・家庭，体育，保健体育，外国語）」https://www.mext.go.jp/content/1377021_1_5.pdf.

（三根和浪）

Q 10 「A表現」における学習指導計画の作成について述べなさい

1. 題材の設定

(1) バランスのよい題材選択

　高等学校の芸術科（美術）という科目は担当教員が題材を決めることができる。学習指導要領ではA表現を（1）絵画・彫刻，（2）デザイン，（3）映像メディア表現　の3つに区分しており選択的な取り扱いができるようにしている。それゆえ必ずしも教科書に沿った順に授業を進める必要はなく，学習指導要領に示された目標を実現するよう，題材は教師が自由に選択可能である。そこが面白いところでもあり大変なところでもある。生徒にとって学び多き「幅広い創造活動」となるよう，また生徒が魅力に感じて楽しみにするよう，多様な題材を揃えたい。

表2-10-1　「A表現」の指導計画の作成例

例	(1) 絵画・彫刻 (感じ取ったこと)		(2) デザイン (目的や機能)	(3) 映像メディア表現	
	絵画	彫刻		(感じ取ったこと)	(目的や機能)
1	○		○		
2		○	○		
3	○				○
4		○			○

（出典：高等学校学習指導要領解説　芸術編　平成30年7月　文部科学省　p.136）

　ここで留意することは「感じ取ったことや考えたことなどを基にした表現（心象表現）」と，「目的や機能などを考えた表現（目的表現）」の学習が「調和的に行えるようにする」ことである。言い換えれば1年間で「作者目線中心の自己表現」と「他者目線を考慮した制作」の両方を扱う必要がある。併せて「B鑑賞」と「〔共通事項〕」とも関連付けて教材化することで相乗効果を狙い，造形的な見方・考え方を働かせた深い学びを実現させたい。

（2）育てたい資質・能力を明確化

それぞれの題材において育てたい資質・能力を明確にすることで指導事項が決まり，授業のねらいや生徒へのアプローチが決まる。資質・能力の3つの柱のうち「知識及び技能」「思考力，判断力，表現力等」のどこに焦点を当てて伸ばそうとするのか。この題材では生徒のどんな力を伸ばしたいか。そのために個々の時間の目標や「めあて」をどう示すか。いうまでもなく美術の授業で育てるべき資質・能力はあくまで美術に関する力である。

（3）過程の重視と教師の役割

美術の学びは創造活動の過程にある。生徒に何を作らせるか，どんな作品が完成すればよいか，いわゆる作品主義ではなく，生徒にどんな力をつけさせるか，そのためにどんな題材に挑戦させるか，という過程（プロセス）を重視した視点を持つことである。もちろん生徒は良い作品作りを目指し制作に励むことに違いはないのだが，指導者の視点は完成作品ではなく，制作の過程におく。教師は必要とされる力と生徒の能力を見極めつつ，そのハードルの高さを微調整しながら「力」をつけさせていく。生徒が思う存分試行錯誤ができるよう環境整備をする。結果として生徒が造形的な見方・考え方をフル活用して制作した作品は良いものになるだろうし，制作の過程で知ったり身に付けたりする様々な学びの体験は美術文化の理解および「学びに向かう力，人間性」の伸長へとつながっていく。

2. 学習指導計画作成の実際

（1）題材集め，題材選び

具体的な題材例については教科書をはじめ一般の書籍，各都道府県の教育研究会の研究集録，シラバス，インターネット等でも指導案や優れた授業実践の題材資料は入手できる。魅力的な題材を書きだし，付箋やカードに書くなどして「A表現」の指導計画の作成例を参考に並べてみる。1年間でバランスよく，また複数年授業がある場合には3年間を通して幅広い体験ができるように考える。必然的に「B鑑賞」の授業も計画に組み入れることになる。これが単独になるか，「表現」との関連を持たせることができるかは工

夫次第となる。「Ａ表現」の指導計画の中で参考作品の鑑賞が含まれ、〔共通事項〕の指導が入ることは言うまでもない。

（２）勤務校の実態に合わせたアレンジ

やってみたい題材を実際の勤務校の生徒や教育環境の実態に合わせて実践するには時間をかけて改善を積み重ねる必要がある。例えばテーマ・主題にじっくりと向き合い、アイデアスケッチを繰り返して思考を深めていきながら表現に結実させることに向いている生徒もいれば、活発に手を動かして反復練習や直接的な素材の扱いを得意とし、とにかくやってみることに向いている生徒もいる。これらが学校の傾向であることは多いが学年間、クラス間でも微妙な違いもある。教師が得意とする題材であっても生徒に合わせてアレンジを加えつつ、育てたい資質・能力に沿わせていく必要がある。また、学校の施設・設備面でも実施可能な題材かどうか考える必要がある。特に立体系は場所も道具も同じものがすべての学校で用意できるとは限らない。あるいは情報メディアで必要なパソコン等の機器が揃った学校だからこそできる題材もある。

（３）前任者の授業実践の継続

実際には前任者の残したシラバスがあり、前年度に用意された教科書や教材そして教室の環境がある。前年まで行われていた授業にはその学校の生徒実態に合わせた内容と教育環境に合わせた題材設定がなされているはずである。赴任初年度は前任者が実践していた題材を実施して生徒実態を把握し、その後徐々に変更を加えていくという方法も有効である。これまで自分が取り扱ったことのない題材に挑戦する良い機会にもなる。

（４）試作

題材を設定したら、まずは自分でこの課題に取り組んでみる。この題材で育てるべき資質・能力は何かが、これですべてが分かる。何を理解し、何ができるようになる必要があり（知識及び技能）そのためにどのような練習が有効か。どこに面白さや難しさがあり、創意工夫が必要で、生徒個々人が自由にのびのびとオリジナリティーを発揮できる選択場面はどこにあるか（思考力、判断力、表現力等）。作品として完成させるためには何が必要で（学

びに向かう力，人間性等）どういった動機付けが有効か。自分で制作をしながら，気付きをメモし，制作過程を写真に撮り，評価規準やルーブリックをまとめる。ここで留意することは自身の制作を通して「気づいたこと」を生徒にあらかじめ伝えるべきか，逆に生徒自身が発見できるようにするか，という点である。「転ばぬ先の杖」をあえて外しておくという手もある。またいくら口で言っても伝わらない「コツ」のようなものがある。それゆえに実技科目が学校教育の中に存在するともいえる。生徒は自らこれらに「気づく」力があると生徒を信じて，教師はなるべく「教えない」のがよいかもしれない。

（5）進歩発展のために

一方で常に新しい題材の研究は必要である。教材研究には時間がかかり，年度の途中での変更は難しい（シラバスで年間授業計画を提示している学校は多い）ので，次年度のシラバスを用意する時期に向けて題材の入れ替えをするとよい。生徒に提示する評価規準（本時の目標が実現した姿）はルーブリックを作成し（ABC，ICE など）その時間の振り返りとして自己評価をさせるとともにその時間の成果（制作途中の作品，練習課題，等）を確認し，評価規準が妥当だったかどうかを確認する。これを毎時間積み重ねていくことで，育てたい資質・能力とそのハードルの高さを適切なものに改善できる。

参考文献

阿部宏行（2018）『学びとしての図画工作　題材のABC』日本文教出版.
東良雅人（2018）『これからの美術教育』学研，pp.2-5（Interview 記事）.
文部科学省（2019）『高等学校学習指導要領（平成30年告示）解説　芸術
　　（音楽　美術　工芸　書道）編　音楽編　美術編』教育図書.

（川崎　巧）

Q 11 「B鑑賞」における学習指導計画の作成について述べなさい

1. 鑑賞の学習指導計画の作成にあたって配慮すること

鑑賞の指導案の作成においては，以下の点に配慮する必要がある。

①鑑賞活動の適切かつ十分な授業時数の確保に加えて，制作終了後に振り返りの意味で行う鑑賞のみにとどまることのないように配慮すること。

②鑑賞の題材では国内外の児童生徒の作品や自国や諸外国の文化遺産などを取り上げ，美術館や博物館などの文化施設との連携を図ること。国際理解や美術文化の継承と発展について考えさせることで，鑑賞活動を深めること。

③鑑賞の環境作りのために，教師は，学校図書等における鑑賞用図書，映像資料などの活用を図ったり，校内や校外に展示スペースやギャラリーを設置したりすること。

2. 鑑賞の題材名に関して

教師は，生徒にとって親しみやすく，「やってみたい」「楽しそう」などと授業に前向きに取り組むことができるような題材名を設定する。また，「B鑑賞ア（ア）」などと，学習指導要領における内容領域を付記することで，指導内容を明確にすると良い。

3. 鑑賞の題材設定理由に関して

題材設定は，「生徒観」「題材観」「指導観」の3つで構成されていることが多い。「生徒観」は，クラスの雰囲気や学習態度など，生徒の実態について書く項目である。授業前に教師がアンケート調査を行い，美術館へ足を運ぶ頻度などを把握し，生徒の実態をつかんでおくことは有効である。「題材観」は，学習指導要領における位置付けや題材のねらいや価値，内容の解釈などを記入する項目である。鑑賞に用いる作品の選定理由やその作品を鑑賞することによってもたらされる効果や期待される生徒の変化などを記述す

る。そして「指導観」は，教師が行う具体的な指導の方法を記入する項目である。例えば，手を挙げて発表することを苦手とする生徒が多い学級であれば，グループなど少人数で対話型の鑑賞活動をさせたり，付箋紙を全員に数枚ずつ配り，生徒自身が作品を見て見つけたことや考えたことを手元の付箋紙に書いて共有できるようにしたりする手立てがある。

4．鑑賞の学習目標に関して

目標は，「知識及び技能」「思考力，判断力，表現力等」「学びに向かう力，人間性等」の3観点から設定する。例えば，「知識及び技能」の目標は，暗記に終始する知識ではなく，造形的な特徴からイメージや作風を捉えて理解するなど，美術の学習の中で生きて働く知識の獲得を目指す。「思考力，判断力，表現力等」の目標では，見方や感じ方を深めることに重きが置かれる。

5．鑑賞活動の評価に関して

授業評価は，生徒が授業目標をどの程度達成できたのかを教師が把握し指導の改善に生かすものである。教師が客観的に評価を行うためには，授業のどのタイミングで，生徒の何を使ってどの観点について評価するのかを事前に計画しておく必要がある。例えば，少人数グループごとに対話型で鑑賞を行う場合，教師は生徒の取り組みの様子を観察することによって，「主体的に学習に取り組む態度」を評価する。ワークシートに自分の考えを記入させることによって「知識・技能」「思考・判断・表現」の評価を行うなどが考えられる。

6．鑑賞の授業展開に関して

鑑賞の方法には，対話しながら作品の見方や感じ方を深める「対話による鑑賞活動」や，教師が明確な意図をもって選定した作品を使って比較しながら相違点と共通点に気付く「比較による鑑賞活動」，アートカードを用いた「ゲーム形式による鑑賞」などがある。また，取り上げる作品によっては，視覚だけではなく，触覚や味覚，聴覚，嗅覚などを活用した鑑賞活動を展開することができる。

（吉田奈穂子）

Q 12 「A表現」における教材研究の視点について述べなさい

　教材研究の基軸となるのは，表現の教材を通してどのような力を身につけ
させるか，ねらいを明確にすることである。学習指導要領に基づいて，まず
は教材のねらいを設定し，その達成のための学習内容や指導法などについて
検討を進めていく。

　表現の教材研究では，つくることと考えることの両面に視点をおくように
したい。表現とは，自分の思いや考えを造形することである。形や色彩など
を用いて造形することは表現活動ならではの学習内容であり，造形のための
知識・技能を習得・活用させることは，表現の教材研究において外せない視点
である。しかし，それを気に留めるあまり，作品の見栄えや技巧的な熟達ば
かりが偏重されてはならない。表現の活動では，何を表すか，どのように表
すか，どうやって表すかなど，常に様々に思考を繰り返しながら，最終的に
自分の思いや考えを自分なりの造形作品へと具体化していく。考えることな
くして，造形表現は成り立たない。表現活動は，単に作品を上手につくるこ
とではなく，表現を通じて思考を深めながら自分の価値観を築く，すなわち
自分をつくることを目指すものである。したがって，技能を習得することと
同じく，あるいはそれ以上に，生徒の思いや考えを温め，深め，価値観を築
かせることも教材研究の重要な視点となる。

　考えることの中でも，主題（表したいこと）を生み出し，自分の中で十分
に温め，深めていくことは，表現の起点として特に大切にしたい過程であ
る。平成29年改訂中学校学習指導要領では，「主題を生み出すこと」は「主
体的な学び」の実現のために重視すべき指導内容として明示されている。主
題を生み出すとは，自分にとって表現に値する価値あるものは何なのかを考
え，明確にすることである。自分の大切にしたい価値を主題に据えること
で，その後の表現活動に対する姿勢は，自ずと主体的・探求的なものになる
だろう。表現の主題は，指導者が一方的に与えた画一的なものではなく，生
徒の中より生み出されるものでなければならない。また，表現活動の中で

は，ものを実際に扱いながら試行錯誤することも大切にしたい思考場面の1つである。経験の浅い生徒には，様々な形や色彩，素材や技法などに触れて試してみなければ分からないことも多い。試す，失敗する，考える。その繰り返しの中で，素材や技法などに触発されて思考が揺さぶられ，それまでの考えが覆されたり，新たな視点を獲得したりしながら，生徒は自分なりの最適解へと辿り着く。そして，こうした学習の積み重ねが，ひいてはよりよい生き方を主体的に追求する力に繋がっていく。

　平成29年改訂学習指導要領では，生活や社会の中の美術や美術文化と豊かに関わる資質・能力を育むことが美術科の目標として掲げられている。美術の学習が授業の中だけのものとして完結するのではなく，「自分」に繋がるものとして実感でき，学ぶ意味や必然性を感じながら学習活動に取り組めるように教材研究を進めたい。美術の表現は，自分や自分を取り巻く世の中と密接に結びついており，人が豊かに生きることに大きく役立つ。例えば，絵や彫刻などに表現する活動では，自分にとって大切な価値を主題とし，自分なりの表現方法を追求するため，表現される作品には自分が色濃く反映される。デザインや工芸に表現する活動では，その目的や機能を考えるときに，自分の考えのみならず，他者の目線や社会のニーズなど，広く世界全体を意識することが必須となる。表現の学習を通して，生徒が自分や自分を取り巻く世界を豊かにすることに意欲を高められるような教材を提示したい。

　生徒にとって「自分」との繋がりを実感できる教材を提示するために，指導者は生徒について広く深く理解するよう努める必要がある。生徒の発達段階や学習のレディネスを一般論的に理解することに止まらず，生徒個々の興味・関心，学習や生活の環境・状況などについても丁寧に目を向けていく。生徒実態を十分に踏まえ反映させた教材は，生徒に自分や世界との繋がりを意識させるものとなる。

（永山良子）

Q 13 「B鑑賞」における教材研究の視点について述べなさい

　鑑賞においても，教材研究の核となるのは，ねらいを明確にすることである。学習指導要領をもとに，鑑賞を通して生徒につけたい力は何なのかを明らかにする。その上で，生徒の資質・能力を育むためには何をどのように見せ，どのようなことを考えさせるか，鑑賞の対象や内容，指導法などを検討する。

　鑑賞の活動とは，自然や美術作品などの対象を造形的な視点から捉え，感じ取り，考え，その価値を自分なりに創造することである。鑑賞によって培われる対象の見方，豊かな感性，思考力等は，ひいては自分や自分の生きる社会，日々の生活を様々な視点から捉え，価値づけし，より色濃く豊かな人生や世の中を築くための力に繋がるものと考える。

　鑑賞の教材においては，生徒自身が対象と対話し，自分なりの考えをもてるようにすることが最も大切である。時に，生徒は手っ取り早く「正解」を手にしようとし，教科書の掲載文や指導者の価値づけをそのまま丸飲みにすることがある。しかし，鑑賞における「正解」とは自分なりの考え・価値づけのことであり，生徒自身が対象と向き合い，感じ，考え，自分の言葉で表す過程を経て辿り着くものである。指導者は鑑賞の対象選びから，その提示のあり方，視点の示し方，対象と向き合うための時間設定などについて，生徒理解を基に十分に検討を重ね，自分なりの価値をつくる鑑賞の過程に生徒が喜びや面白さを感じながら主体的に取り組めるように，教材づくりを進めなければならない。

　生徒に自分なりの考えをもたせ，それを深めるためには，指導者自らも鑑賞活動を行い，対象に対する価値意識をもち，見方・感じ方を深めておきたい。生徒と同じ鑑賞の過程を経ることで，生徒がどのような見方・考え方をするか，生徒の見方・考え方をどう受け止め，新たな視点として何を示していくかなど，指導と評価の在り方が具体的に見えてくる。また，生徒の見方・感じ方を一層広げ深めるためには，生徒実態に応じて適切な視点を与え，生徒の発想を引き出していくことが必要である。一人ひとりの見方・感じ方

の差異に応じるためには，指導者はより広く深い見方・価値意識を備えておく必要がある。

　鑑賞の過程では，初めから最後まで思いや考えが全く変化しないということはなく，それまで抱いていた作品の価値が覆されたり，深まったりするものである。そのように自分の考えに変容がもたらされ，新たな価値を生み出すことは，鑑賞の醍醐味であり，学習の目指すべきところでもある。鑑賞の教材研究では，思考のゆらぎ・深まりを与えることも大事にしたい。思考のゆらぎ・深まりを与える上で，他者の見方・考え方に触れること，他者と考えを交流することは有効な方法である。他者の見方に触れ，自分とは違う視点を獲得し，改めて対象に触れてみると，新たな思いや考えが湧いてくることがある。このように他者の意見を材料としながら，生徒自身の感性と思考によって対象の価値を深めることができるようにしたい。前述のとおり，自分で対象と向き合わないままに他者の意見を丸飲みすることのないよう留意し，自分の考えをしっかりともった上で他者と意見を交わすことができるように，授業の構成を工夫する必要がある。

　また，美術作品の鑑賞においては，作品の文脈（背景）を知ることも，思考のゆらぎや深まりを生み出す上で大変効果的である。作品が生み出された時代や場所，制作の意図，作者の生き方など，造形から読み取り切れなかった事実としての文脈を知ることで，一度に作品の解釈が進み，大きな感動を得たり，思考が深まったりすることがある。また，作品の裏にある事実を知りながら鑑賞することで，「自分も…だ」「自分だったら…だ」など自分と照らし合わせながら考えるようになり，自分や社会について美術を通して考えることにも繋がっていく。注意すべきは，知識の獲得が学習の目的や主活動にならないようにすることである。指導者がもっている情報をとにかく出せばよいのではなく，どの情報をどのタイミングでどのように生徒に提示すれば思考の揺らぎ・深まりを生み出せるかをよく検討したい。

参考文献

文部科学省（2018）『中学校学習指導要領（平成29年告示）解説　美術編』日本文教出版.　　　　　　　　　　　　　　　　　　　　（永山良子）

Q 14　美術科を指導する教師に求められる資質や能力について述べなさい

1．美術は社会や教育に必要なのか

　どの教科においても，教師として共通に求められる資質や能力と，教科の専門家として求められる資質や能力の，2つの側面を捉えることができる。ここでは，教育への情熱や生徒への理解，社会的に連携して任務を遂行するための人間的対応力など，教師全般に求められる資質や能力は自明のこととして，美術の専門家としての教師に求められる側面に焦点を当てる。

　日本の中学校では制度上，常に美術科教師は少数派である。美術大学出身などで周りがすべて美術好きの環境から学校に赴任すると，美術科の置かれている立場を改めて認識するだろう。それはまた，社会の中で美術が置かれている立場の反映でもある。同僚，生徒，保護者は学校で唯一人の美術教師の振る舞いを見て，美術への認識を決めるかもしれない。

　すなわち，美術教師の行動を通して，美術が人の生き方や社会にとってどれほど大切な意味を持っているかを示すことができるのである。美術的価値観の人間化ともいうべき使命を自覚し，そのために自らの資質や能力をのばしていこうとすることが，最も根本的に求められる態度ではないだろうか。

2．学校をアートでプロデュース

　美術の力を学校や社会に示す上で，最もわかりやすい仕事の1つが，学校の環境を美術やデザインの手法を用いて，より美しく生き生きとした創造的雰囲気のあふれるものに変えていくことである。校内の展示空間，サインやシンボル，広報物等の改善に加えて，地域と協力したプロジェクトを生徒たちのアイデアを生かしながら進めるなど，総合的なプロデューサーとしての役割を果たすことは，現代社会におけるアートの意味を目に見える形で学校や社会に示す好機である。

3．学校にアート的価値観を

美術には，一般社会が忘れがちな価値観が凝縮して表現されていることが多い。人それぞれ違う多様性の尊重や，いつもと異なる新しいことを面白がり（創造性），自分らしく生きることを楽しむことなど，美術が表現している，社会をより人間らしく変えていく上で大切な価値観を，学校運営や生徒指導において拡げていくことは，はっきりとは見えにくいが，重要な貢献である。

4．アーティストとして成長し続ける

多忙な中でも何らかの形で教師自らが美術やデザインに関わる活動を継続し，美術専門家としての誇りと，美術に関わる知識・理解・技能の研鑽を続けていくことが，指導者としての資質や能力を伸ばし続けていく基礎となる。

5．他者の中のアートを引き出す

自らがアーティストとして成長するだけでは，教師としての資質や能力として不十分である。生徒や同僚たちのもつ個性や創造的な力を，学習指導や学校運営を通して，互いに啓発しあいながら引き出していく，すなわち他者の中のアートを引き出す醍醐味こそが，美術教師の究極の資質と能力である。

参考文献・URL

中央教育審議会 (2006)「今後の教員養成・免許制度の在り方について（答申）」
　　　https://www.mext.go.jp/b_menu/shingi/chukyo/chukyo0/toushin/
　　　1212707.htm（2020年4月26日閲覧）.

（直江俊雄）

Q 15　美術教育を支える理念について述べなさい

　学校における美術教育は，時代や社会によってその意味を大きく変化させ
てきた。以下では，国内外の美術教育を支える数多くの理念の中でも，美術
教育について学ぶ上でとりわけ重要と思われる人物を紹介する。

（1）フランツ・チゼック（Franz Cizek, 1865 ～ 1946）

　フランツ・チゼックは，子ども向けの美術教室における教育実践の体験か
ら，子どもの美術を発見し，創造性教育を提唱した人物として知られる。
「子どもたちによって成長させ，発展させ，成熟させよ」という言葉に彼の
主張は集約される。イメージを象徴的に表現するという児童の美術作品の特
徴を捉えたチゼックは，児童美術は創造力の発展のためにするべきだと提案
した。これらの主張は，ヴィオラによって書かれた『児童美術とフランツ・
チゼック（Child Art and Franz Cizek）』などの書籍によって世界へと広めら
れた。日本においては創造美育協会を設立した久保貞次郎（1909 ～ 1996）
によって翻訳され，国内でも広く知られるようなった。

（2）ルドルフ・シュタイナー（Rudolf Steiner, 1861 ～ 1925）

　ルドルフ・シュタイナーは哲学，政治，経済，農学，医学，建築，芸術など多方
面に影響を与えた人物である。シュタイナーは，特に人智学（Anthroposophie）
と呼ばれる独特の思想をもとにした「自由ヴァルドルフ学校（Freien
Waldorfschulen）」の創始者として知られている。シュタイナーは，教師が7
年周期で子どもの発達を捉え，芸術を浸透させた教育を一貫して行うこと
で，意志と感情と思考の調和的な人間育成を目指した。ヴァルドルフ教育を
実践する学校は，1919年にドイツで開校して以来，世界各国で1,100校を超
えるまでに広がっている。近年，各国の歴史や文化的な背景の中で自由ヴァ
ルドルフ学校は多様な展開を見せている。

（3）ハーバート・リード（Herbert Read, 1893 ～ 1968）

　ハーバート・リードはイギリスの詩人，文芸批評家，美術批評家，思想家
として有名である。リードの教育理論は，著書『Education through Art（芸術

による教育)』の題名に端的に示されている。社会の主知主義的論理的思考への一辺倒と第二次大戦を引き起こした危機感から，この本は執筆された。リードはこの著書の中で，深層心理学やゲシュタルト理論など広範囲の理論を援用し，芸術が教育の基礎であるという理論の論証を試みた。戦後の日本の教育思想において，有力な教育論の1つとして注目され続けている。

（4）ヴィクター・ローウェンフェルド（Victor Lowenfeld, 1903 ～ 1960）

ヴィクター・ローウェンフェルドは，造形活動に見られる児童の創造性と成長発達の関連を探り，個人差に応じた指導の必要性を説いた。彼はウィーン盲学校における研究をもとに，子どもの表現タイプを「視覚型」「触覚型」「中間型」に分類した。また，著書『Creative and Mental Growth（美術による人間形成)』で，児童の創造活動の変化を①なぐり書き ②様式化前 ③様式化 ④ギャングエイジ ⑤疑似写実的 ⑥青年期の危機と分類し，創造主義を実践的な観点から理論付けて体系化しようとした人物である。

（5）エリオット・アイスナー（Elliot W. Eisner, 1933 ～ 2014）

エリオット・アイスナーは，カリキュラム開発，教育評価などで知られる。特にアイスナーは，美術教育カリキュラム開発を行った「ケタリングプロジェクト」において，児童中心の創造性教育や情意面の教育を根拠とした美術教育の正当性を訴える主張を批判し，「美術は現実のある局面を明らかにする」という美術の教育的価値を明らかにした。彼の理論は，1980年に米国で生まれたDBAE（Discipline Based Art Education，学問分野に基づいた美術教育）理論の先導的な役割を果たした。

参考文献

福田隆眞・福本謹一・茂木一司編著（2010）『美術科教育の基礎知識』建帛社.

（吉田奈穂子）

Q16 美術表現の発達理論について述べなさい

1. 子どもの成長と造形表現の発達

　子どもの造形表現は，心身の成長にともなって変化していく。二足歩行ができるようになり，クレヨンや鉛筆を握ることができるようになると，芸術行為の原点とも言える表現活動がはじまる。身体機能の発達や精神的成長に合わせ，子どもの造形活動における表現傾向に，段階を踏んだ特徴が表れてくる。発達にともなってみられる造形表現の特徴は，美術教育を考える際，重要な指針を与えてくれるものである。

　造形表現の発達過程に関しては，日本や諸外国において多くの研究がなされてきており，子どもの造形表現には一定の法則があること，運動機能や認知機能，感性や感情の発達との関係があることなどが知られている。ここでは，ローウェンフェルドの発達理論について取り上げたい。

2. ローウェンフェルドの発達理論

　子どもの描画行為は，子どもの身体的，精神的発達とともに変化がみられる。米国の美術教育者ヴィクター・ローウェンフェルドは『美術による人間形成』のなかで，子どもの創造活動にみられる特徴や，人物，空間，色彩などの表現を分析し，子どもの描画表現の発達を次のとおり6段階に分類した。

（1）自己表現の最初の段階－なぐり描きの段階－（2才～4才）

（2）再現への最初の試み－様式化前の段階－（4才～7才）

（3）形態概念の成立－様式化の段階－（7才～9才）

（4）写実的傾向の芽生え－ギャング・エイジ－（9才～11才）

（5）疑似写実的段階－推理の段階－（11才～13才）

（6）決定の時期－創作活動にみられる青年期の危機－（13才～17才）

　描画表現の発達に関して，ローウェンフェルドは2才から17才までにわ

たり，その傾向を分析している。それによると，子どもの描画表現は運動感
覚的な経験である点や線のなぐり描きから想像的思考へと変化し，人物が出
現，基底線が現れ，空間的表現ができるようになり，次第に写実的表現がみ
られるようになるという。

　さらに，ローウェンフェルドは描画表現にとどまらず，造形活動の発達に
ついてまとめ，「疑似写実的段階」において創造活動の傾向が分かれ始め，
「決定の時期」で視覚型，触覚型といった創造の型が明確になるとしている。
視覚型は主として目によってものを感じ，自分の周囲の環境から関心を持っ
て創作活動を行う。一方，触覚型は自身の身体感覚や主観的な経験をもとに
それを行うとされる。したがって，「青年期の危機」とされる「決定の時期」
においては，こうした造形活動にみられる創造の型を認識することによって
必要な指導を与えることができるとしている。

3．発達段階に関する指導上の留意点

　ローウェンフェルドの示した発達理論は，それぞれの発達段階における造
形表現の特徴を詳細に指摘しており，指導にあたっての指針となるものであ
る。そこで示された造形表現の発達段階については，基本的な道筋としてお
さえておきたい。題材研究や実際の指導にあたっては，規則的な発達がみら
れることを理解したうえで，子どもには個人差があることにも留意する必要
がある。また，漫画やゲーム，アニメなどは，子どもの造形表現の発達にも
少なからず影響を与えるものである。子どもを取り巻く環境の変化に留意し
つつ，年齢的な面を含めて断定的に考えるのではなく，目の前の子どもの成
長を見つめながら，個々の児童生徒の発達特性に応じた指導が大切である。

参考文献

ヴィクター・ローウェンフェルド（竹内清・堀ノ内敏・武井勝雄訳）(1995)
　　　　『美術による人間形成 ― 創造的発達と精神的成長』黎明書房.

　　　　　　　　　　　　　　　　　　　　　　　　　　　　（蜂谷昌之）

Q 17　美術鑑賞の発達理論について述べなさい

1．鑑賞に関わる発達理論

　美術鑑賞に関わる発達研究の進展は，近年の美術鑑賞育の研究と実践の推進に貢献してきた。特に1980年代以降では，パーソンズ（Parsons, M. J.）やハウゼン（Housen, A.）の発達理論が我が国でも紹介されて注目された。

　パーソンズは，鑑賞での4つの観念（主題，表出，媒体・フォルム・様式，判断）に着目して発達段階を構造化し，第1〜5段階までの特徴を「お気に入り」，「美とリアリズム」，「表出力」，「様式とフォルム」，「自立性」と表現した。特に第2段階は主題，第3段階は表出，第4段階は媒体・フォルム・様式，第5段階は判断が支配的な観念になることを指摘した。また，大半の中学生や高校生では，発達的に第3段階の表出に関わる観念が支配的であり，第4段階以降の観念については環境や学習が重要とされている。

　一方，ハウゼンは，観察や連想，解釈などの鑑賞行為に注目して発達段階を構造化し，第1〜5段階までを「説明の段階」，「構成の段階」，「分類の段階」，「解釈の段階」，「再創造の段階」とした。第2段階では，観察や社会的規範を活用した鑑賞の枠組みが形成されるが，まだ鑑賞の初心者とされる。多くの中学生や高校生は第2段階までの特徴を示すとされ，美術の流派やスタイル，時代などの視点から分析的な鑑賞をする第3段階に移行するには，美術の伝統や規範についての学習が必要とされる。

　パーソンズとハウゼンの発達理論はそれぞれ注目する観点は異なるが，発達とともに自己中心的な行為から省察的で社会化された行為に変化し，自律的な鑑賞に展開している。一方，生徒の鑑賞の特徴は段階として固定化されてしまうわけではないことに留意が必要であり，個人的・社会的・文化的文脈の視点から鑑賞の発達の多様性を柔軟に捉えることが大切である。

２．発達の多様性と鑑賞レパートリー

　鑑賞の発達理論をふまえ，鑑賞の発達の多様性を反映する概念として鑑賞レパートリーがある。鑑賞者が作品のどんな要素に注目してどんな鑑賞行為をするのかが鑑賞スキルの枠組みであり，繰り返し使われるスキルがレパートリーとして定着する。複雑な鑑賞の状況も作品要素と鑑賞行為の複合的な組み合わせで可視化されることになり，図2-17-1のように鑑賞者が自らの鑑賞をメタ認知する指標としても活用できる。

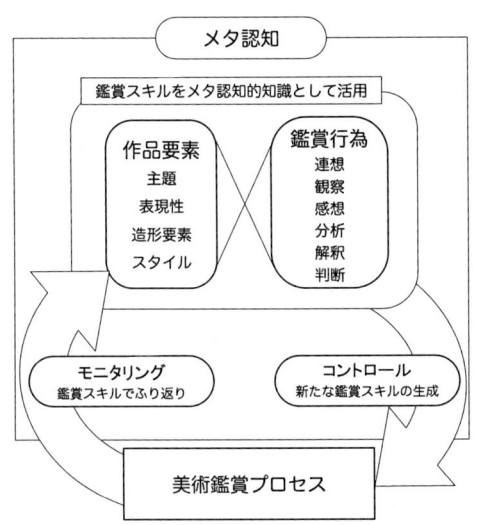

図2-17-1 鑑賞スキルを活用したメタ認知（筆者作成）

３．受動的鑑賞から主体的鑑賞へ

　知識習得を重視する鑑賞学習に代わって鑑賞者が創造的に意味を生成する鑑賞学習の探求が広がりつつあり，その試みとして対話型鑑賞が注目される。

　対話型鑑賞では美術教師は解説者ではなく，生徒が主体的に鑑賞するためのファシリテーターとして，問いを投げかけて対話を促し作品理解を深める

ことを目指す。ハウゼンの発達理論を背景にしたビジュアル・シンキング・ストラテジー（VTS）での対話型鑑賞は，静かにじっくりと作品を観察させ，ファシリテーターの問いかけに答えつつ対話をくり返す。近年の発達理論をふまえた対話型鑑賞の取り組みは，受動的鑑賞から創造的な意味生成の主体的鑑賞へのパラダイムシフトをもたらした点でその意義は大きい。

参考文献

石﨑和宏・王文純（2006）『美術鑑賞学習における発達とレパートリーに関する研究』風間書房.

鈴木有紀（2019）『教えない授業 ― 美術館発，「正解のない問い」に挑む力の育て方』英治出版.

マイケル・パーソンズ（尾崎彰宏・加藤雅之訳）（1996）『絵画の見方 ― 美的経験の認知発達』法政大学出版局.

（石﨑和宏）

第3章

家庭科

Q1　中・高の家庭科の目標について生活を対象とする学びの特徴から説明しなさい

1．家庭科の目標は何か

「先生，何のために家庭科を勉強するのですか？」生徒の問いに，あなたなら何と答えるだろうか。考えてみよう。

例として，中学校の目標を表3-1-1に示す。高校の目標は2018年改訂学習指導要領で確認しよう。あなたの答えはどの部分に近かっただろうか。

表3-1-1　中学校技術・家庭（家庭分野）の目標（中学校学習指導要領）

> 　生活の営みに係る見方・考え方を働かせ，衣食住などに関する実践的・体験的な活動を通して，よりよい生活の実現に向けて，生活を工夫し創造する資質・能力を次のとおり育成することを目指す。
> (1) 家族・家庭の機能について理解を深め，家族・家庭，衣食住，消費や環境などについて，生活の自立に必要な基礎的な理解を図るとともに，それらに係る技能を身に付けるようにする。
> (2) 家族・家庭や地域における生活の中から問題を見いだして課題を設定し，解決策を構想し，実践を評価・改善し，考察したことを論理的に表現するなど，これからの生活を展望して課題を解決する力を養う。
> (3) 自分と家族，家庭生活と地域との関わりを考え，家族や地域の人々と協働し，よりよい生活の実現に向けて，生活を工夫し創造しようとする実践的な態度を養う。

よく見られる答えは「自分で生活するために必要な知識や技能を得るため」である。これは「(1) 知識及び技能」に該当する。(1) は目標の1つであるが，それだけではない。(2) や (3) も家庭科の目標である。

それでは，どのように答えるのがよいのだろうか。中学校の最終目標は「よりよい生活の実現に向けて，生活を工夫し創造する力を育成する」である。そのために (1) ～ (3) の力を育成する。従って，適切な答えは「生活を工夫し創造する力をつけるため」となるだろう。中学生は中学生なりに，高校生は高校生なりに，いまの生活に向き合い，生活を創造する力を育成することが，家庭科の目標である。

２．家庭科が対象とする生活とは何か

中学校の調理実習では肉じゃがを作る。そこで，料理教室と調理実習の違いを例に，家庭科が学びの対象にしている生活とは何かを考えよう。

表3-1-2　「肉じゃがを作る」料理教室と調理実習の違い

	料理教室	調理実習
指導者	調理に関する専門的知識や技能を有する人	中学校家庭科教諭
対象	肉じゃがを作れるようになりたい人	中学生
活動内容	①作り方の説明・示範 ②調理 ③試食・片づけ	①作り方の説明・示範 ②調理 ③試食・片づけ
ねらい	・習ったレシピで，肉じゃがを作ることができる。	・健康・安全の視点から，煮る調理の理論（煮る良さ，煮るコツ等）を理解する。 ・材料に適した加熱調理の仕方について理解し，基礎的な日常食の調理が適切にできる。 ・よりよい生活の実現に向けて，生活を工夫し創造する実践的態度を養う。

両者の違いを表3-1-2に示す。活動内容を見ると，料理教室も調理実習も大差はない。しかし，ねらいは大きく異なる。調理実習のねらいは，「調理の知識や技能の習得に加え，調理のよさを実感し，よりよい生活の実現に向けて，生活を工夫し創造する実践的態度を育てること」にある。

年齢やライフステージの変化に伴い，私たちは一生の間にさまざまな生活を経験する。また，人によって望む生活は異なる。生活とは，生命をつなぎ活動することである。生活をよりよくすることは，よりよい人生を歩むことに通じる。家庭科では，生活を大切にすることが重視されている。

生徒一人一人が，自身の生活を大切にする思いを育み，生活に必要な基礎的な理解や技能を身につけ，生活の中の課題を解決する力を養うことを通して，「生活を工夫し創造しようとする力」を高めることを目指したい。

（小清水貴子）

Q2 家族・家庭生活の学習に関する内容と効果的な 指導法について述べなさい

1. 家族・家庭生活の内容

　学習指導要領における中学校家庭分野「A家族・家庭生活」の内容は，「自分の成長と家族・家庭生活」「幼児の生活と家族」「家族・家庭や地域との関わり」と，「家族・家庭生活についての課題と実践」の4項目で構成された。自分の成長を振り返ることを通して，自分の成長と家族や家庭生活との関わりが分かり，家族・家庭の基本的な機能について理解するとともに，家族や地域の人々と協力・協働し，よりよい家庭生活を営む必要があることに気づくことをねらいとしている。

　高等学校の家族・家庭生活に関する内容は，「家庭基礎」では「生涯の生活設計」「青年期の自立と家族・家庭」「子供の生活と保育」「高齢者の生活と福祉」「共生社会と福祉」の5項目，「家庭総合」では「生涯の生活設計」「青年期の自立と家族・家庭及び社会」「子供との関わりと保育・福祉」「高齢者との関わりと福祉」「共生社会と福祉」の5項目である。

　2018（平成30）年の改訂から，中学校では「自分の成長と家族・家庭生活」を，高等学校では「生涯の生活設計」を科目の導入として位置づけるとともに，A～Cの内容と関連づけて指導することが求められている。

2. 効果的な指導について

（1）中学校技術・家庭分野

　自分の成長を振り返り，「育てられていること」と「育てること」を学ぶ。体の発達や遊びの特徴などから幼児の特徴を理解し，それにあった関わり方を工夫できるようにつなげる。

　2008（平成20）年改訂の学習指導要領より，幼児との触れ合い体験が一層重視された。直接幼児と触れ合うことは，幼児の特徴や生活を理解するの

に有効である。しかし，幼児と関わる経験をしていない子どもたちにとっては，幼児に対するイメージは乏しく，どのように関わったらよいのか戸惑う場合がある。体験学習の事前学習として，幼児に関するデータから学ぶ基礎・基本的な知識に加え，幼児の発達に合わせたおもちゃ作りやチャイルドビジョン（幼児視界体験メガネ），幼児身長姿勢体験などの活動は，幼児の特徴を理解し，イメージを構想するのに効果的な方法としてよく実践されている。

（2）高等学校家庭科

　高等学校では，中学校までの幼児などの異世代との触れ合い学習と異なり，子どもを育てる視点を重視して，乳児に関する学習を行う。乳児の特徴を理解した上で，保育人形を使って新生児の抱き方や溢乳の仕方などを学んだり，実際に乳児と親，保育者を学校に招待するなどの体験的な学習を取り入れると良い。

　また，高齢者の加齢に伴う心身の変化や特徴，高齢者の生活，高齢者福祉サービスなどについても理解する。指導法には，高齢者や障がい者などになる疑似体験といった体験的な活動を取り入れることが有効であると言われている。体験したからこそわかる対象者の心身の特徴を実感するだけではなく，当事者の気持ちを類推し，対象者の人権やノーマライゼーションについて考えるのに役立つ。

3．家族を扱うことについて

　一般に，「家族」は肯定的なイメージで語られることが多い。しかし，家族の形は多様であり，私たちはそれぞれ異なった「家族」の中で生きている。授業ではできるだけ，「理想」・「当たり前」と考えられていることから距離を置き，様々な角度から家族を捉え，多様な生き方を尊重するよう指導したい。

（田中和江）

Q3 衣生活の学習に関する内容と効果的な指導法について述べなさい

1. 衣生活の学習内容

　中学校の衣生活の内容は，2017（平成29）年度改訂の学習指導要領ではB (4)「衣服の選択と手入れ」，B (5)「生活を豊かにするための布を用いた製作」の2項目で構成された。課題をもって，健康・快適・安全で豊かな衣生活に向けて考え，工夫する活動を通して，衣服の適切な選択や着用，衣服の計画的な活用，日常着の手入れ，製作に関する知識及び技能を身に付け，これからの衣生活を展望して，衣生活の課題を解決する力を養い，衣生活を工夫し創造しようとする実践的な態度の育成をねらっている。

　今回の改訂では，小中学校の内容の系統性を図り，ともに「生活を豊かにするための布を用いた製作」を扱い，関連の知識・技能の習得とともに，生活を豊かにしようとする態度の育成につなげ，特に中学校では，資源や環境に配慮する視点から，衣服などの再利用の方法についても触れることとした。また，(4) 衣服の計画的な活用においても，衣服の選択や購入，手入れを取り上げ，購入から廃棄までを見通し，資源や環境に配慮することの大切さに気付かせ，衣服の機能のうち，社会生活を営む上での機能を中心に扱い，日本の伝統的な衣服である和服についても触れることとしている。

　生活を豊かにするための布を用いた製作とは，身の回りの生活を快適にしたり，便利にしたり，さらに資源や環境に配慮したりするなど，自分や家族，地域の人々の生活を豊かにする物を製作することである。布を用いた製作は，生活に役立つばかりではなく，家族や地域の人々との関わりを深めたり，生活文化への関心を高めたり，持続可能な社会の構築について考えたりすることにつながり，生活を豊かにするための営みに係るものである。また，製作を通して，自分自身が豊かな気持ちになることに気付くことができるようにするとともに，衣服等の再利用など布を無駄なく使うことが，資源や環境へ

の配慮につながることを理解し，製作を工夫することができるようにする。

　高等学校の衣生活の内容は，「家庭基礎」ではB衣食住の生活の自立と設計（2）「衣生活と健康」，「家庭総合」ではB衣食住の生活の科学と文化（2）「衣生活の科学と文化」として示された。「家庭基礎」では被服の機能と着装，環境に配慮した被服の計画・管理など衣生活に関わる基礎的・基本的な知識と技能を身に付け，生涯を通して健康で快適な衣生活を営めることをねらいとしている。「家庭総合」では，衣生活の科学と文化について，被服と人との関わりを踏まえながら，各ライフステージの衣生活の特徴について理解し，生涯を見通した衣生活の管理ができるようにする。また，実験・実習を通して科学的理解を可能にし，目的に応じた被服の機能と着装について理解を深め，健康で快適な衣生活を主体的に営むことができるようにする。さらに日本と世界の衣文化に関心をもち，伝統文化に蓄積された知恵や経験を現代の衣生活に生かすことができるようにすることをねらいとしている。

２．効果的な指導方法

　中学校では，小学校で習得した知識及び技能などを基盤として適切な題材を設定し，相互に関連を図るように配慮する。衣服の機能を取り上げる際には，内容A（1）「家族・家庭の基本的な機能」と関連させ，健康・快適・安全，生活文化の継承などの視点から考えさせることも大切である。（4）「衣服の選択と手入れ」では，内容C（1）「金銭の管理と購入」の物資・サービスの選択の学習や，（2）「消費者の権利と責任」の自分や家族の消費生活が環境や社会に及ぼす影響の学習との関連を図って扱うとよい。（5）では，製作を通して成就感を味わうとともに，自分や家族，地域の人々の生活を豊かにすることの大切さを実感できるよう配慮する。例えば，着用しない衣服を他の衣服に作り直す，別の用途の物に作り替えるなどの再利用の仕方を考えたり，無駄のない布の使い方を考えさせたりして製作を工夫する活動などが考えられる。

　高等学校では，衣生活問題の解決方法を考え，計画を立てたり，評価・改善したりする際，他者との意見交換などを通して，多角的に検討できるよう配慮し，各自の生活創造につながるようする。　　　　　　　　　　（鈴木明子）

Q4 食生活の学習に関する内容と効果的な指導法について述べなさい

1．食生活の学習を通して育む資質・能力と学習内容

（1）中・高等学校で育む資質・能力

　中学校では，課題をもって，健康・安全で豊かな食生活に向けて考え，工夫する活動を通して，これからの生活を展望して，食生活の課題を解決する力を養い，食生活を工夫し創造しようとする実践的な態度を育成することをねらいとしている。

　高等学校の「家庭基礎」では，食生活に関わる情報を適切に判断し，生涯を通して健康や環境に配慮した安全な食生活を主体的に営むことができるようにすること，また，「家庭総合」では，食生活の科学と文化について，生涯を見通した食生活の管理ができるようにすることや，日本と世界の食文化に関心をもち，伝統文化に蓄積された知恵や経験を現代の食生活に生かすことができるようにすることをねらいとしている。

（2）中・高等学校の学習内容

　中学校では，中学生に必要な栄養の特徴や健康によい食習慣，栄養素や食品の栄養的な特質，食品の種類と概量，献立作成，食品の選択と調理などに関する知識及び技能について学習する。また，日本の食文化への理解を深めるために，地域の食材を用いた調理として，和食を扱うこととしている。

　高等学校の「家庭基礎」では，自己や家族の食生活の計画・管理に必要なライフステージに応じた栄養の特徴や食品の栄養的特質，健康や環境に配慮した食生活，おいしさの構成要素や食品の調理上の性質，食品衛生，食の安全や食品の調理上の性質，食文化の継承を考慮した献立作成や調理計画，健康や環境に配慮した食生活について学習する。また，「家庭総合」では，食と人との関わりを踏まえながら，生涯を見通した食生活の管理ができるように，これらの科学的な理解，日本の食文化の継承・創造などについて深めて学習していく。

２．効果的な指導方法について

（1）中学校家庭科

　小学校家庭科で学習したことを基盤にして各項目を相互に関連させて適切な題材を設定し総合的に展開できるよう配慮する。「A家族・家庭生活」など他の内容と関連させ，健康・快適・安全，生活文化の継承などの見方・考え方を働かせながら考えることが大切であることに気付くようにする。さらに他教科との関連を図ったり食育については学校給食と関連を図ったりする。

　指導の具体については，日常の食生活を振り返ることを通して，食事が果たす役割を考えたり，中学生にとって必要な栄養の特徴や，健康によい食習慣について考え，工夫したりたりすることにつなげたい。また，用途に応じた食品選択や食品や調理用具等の安全と衛生に留意した管理について理解しながら，「煮る，焼く，蒸す等」調理方法を用いて，地域の食材を用いた和食の調理が適切にできるようにしたい。

（2）高等学校家庭科

　乳幼児期から高齢期に至るまでの生涯を見通した食生活について，身に付けた知識や技能を実生活で活用できるようにする。そのために，目的を明確にした実験・実習を中心とした指導を行い，学習内容の理解をより一層深め，問題解決の力を育成することが大切である。食生活については，食事と健康との関わりを中心に，生涯を通して環境に配慮した健康で安全な食生活を営むことができるようにする。また，「Dホームプロジェクトと学校家庭クラブ活動」との関連を図り，指導計画に位置付け学習効果を上げていきたい。

　指導の具体については，自己や家族の食生活の計画や管理ができるようにするために，ライフステージに応じた課題を見出しながら，離乳食や介護食の調理をすることなどが考えられる。また，郷土食の調理を通して食文化の継承を考察したり，食品ロスや防災の観点を取り入れ，エコクッキングに取り組むことで環境に配慮した食生活を考察したりし，自己や家族の食生活を工夫できるようにしたい。

（竹吉昭人）

Q5 住生活の学習に関する内容と効果的な指導法について述べなさい

1. 住生活の学習を通して育む資質・能力と学習内容

（1）中・高等学校で育む資質・能力

　中学校の住生活の内容では，課題をもって，健康・快適・安全で豊かな住生活に向けて考え，工夫する活動を通して，家族の生活と住空間との関わり，住居の基本的な機能，家族の安全を考えた住空間の整え方に関する知識及び技能を身に付け，これからの生活を展望して，住生活の課題を解決する力を養い，住生活を工夫し創造しようとする実践的な態度を育成することをねらいとしている。特に，幼児や高齢者の家庭内の事故を防ぎ，自然災害に備えるための住空間の整え方を重点的に扱い，安全な住まい方の学習の充実を図ることが求められている。

　高等学校の「家庭基礎」では，家族が安全で快適かつ健康な生活を営む場としての住居について，防火，防犯，耐震などの安全性や日照，採光，換気，遮音，温熱，空気環境，高齢者，障害者などへの配慮など住生活に関わる基礎的・基本的な知識と技能を身に付け，生涯を通して防災などの安全や環境に配慮した住生活や住環境を工夫することができるようにすることをねらいとしている。また，ライフステージに応じて適切な住居の計画・管理ができるよう，必要な技能を身に付けることが求められている。

（2）中・高等学校の学習内容

　2017（平成29）年，2018（平成30）年に改訂された小・中・高等学校の新学習指導要領により，家庭科の学習内容は系統的に整理された。住生活の学習内容を，小・中・高と発達段階に応じて内容が深まっている。住生活の学習内容は「住居の機能」，「住生活の計画」，「安全で快適な住生活」の３つに分けられる。高等学校では，この３つに「環境に配慮した住生活」が加わっている。「環境に配慮した住生活」は他の３つの内容に関連させて考えることが

できるため，多様な題材設定が可能である。

２．効果的な指導方法について

（１）中学校技術・家庭科家庭分野

　指導にあたっては，小学校家庭科で学習した基礎的・基本的な知識及び技能などを基盤にして，健康・快適・安全，生活文化の継承などの視点から考えることが大切である。健康・快適・安全については，保健体育科などの他教科等で行う防災に関する学習との関連を図るために，指導の時期等についても配慮する。生活文化の継承については，日本の生活文化への理解を深めるために，日本の伝統的な住様式等を扱うことなどが考えられる。また，「A家族・家庭生活」の(2)「幼児の生活と家族」の幼児の発達や，(3)「家族・家庭や地域との関わり」の高齢者の身体の特徴との関連を図り，幼児や高齢者の家庭内事故の防ぎ方について考えることができるよう工夫する。

（２）高等学校家庭科

　指導にあたっては，生活行為やライフスタイルと住まいの関係から，一人暮らしや将来の家族と住む住宅を想定して間取り図等を理解できるようにする。また，高齢者や障害者などに配慮したバリアフリー住宅やユニバーサルデザインなどにも触れるようにする。さらに，自然災害に対する防災対策を講じた住宅，防火，防犯，家庭内での事故などに対応した安全な住宅・住生活を理解できるようにする。

　住生活に関わる課題を解決するために，健康・快適・安全，持続可能な社会の構築などの視点から思考できるよう題材を工夫することも必要である。健康・快適・安全については，家族のコミュニケーションが円滑にとれること，生涯を見通して利用できることなどを踏まえて考察することができる。持続可能な社会の構築については，地域コミュニティと共生できる住居の在り方などについて考察し，工夫できるようにする。また，日本だけではなく，世界各国の特徴的な住居を取り上げ，気候や風土に適した家づくりが環境共生住宅としての機能をもっていること，未来の家づくりのヒントとなることに気付かせるようにする。

（詫間千晴）

Q6 消費生活・環境の学習に関する内容と効果的な指導法について述べなさい

1．消費生活・環境の学習を通して育む資質・能力と学習内容

（1）中・高等学校で育む資質・能力

　中学校の家庭科では，身近な消費生活と環境についての課題を解決する力を養い，身近な消費生活と環境について工夫し創造しようとする実践的な態度を育成することをねらいとしている。

　高等学校では，持続可能な消費生活・環境の学習と位置付けている。持続可能な社会を見通して，経済の計画や消費生活及び環境との関わり等に関する理解を深め，自覚をもって責任ある行動ができるようにすることをねらいとしている。「家庭基礎」では，消費生活について，自立した消費者として適切な意思決定に基づいて行動できるようにすることをねらいとし，環境については，進んで地球環境保全に貢献できるライフスタイルを工夫できるようにすることをねらいとしている。「家庭総合」では，消費生活について，生活と経済のつながり，家計の構造や経済全体の仕組みとの関わりから，主体的な資金管理の在り方やリスク管理の考え方を導入した経済計画を工夫できるようにすることをねらいとしている。環境では，持続可能な消費について，生活文化と関わらせて，持続可能な社会の構築に向けて，自らの消費生活から参画できるようにすることをねらいとしている。

（2）中・高等学校の学習内容

　中学校では，金銭の管理と購入，消費者の権利と責任，消費生活・環境の課題と実践から構成される。キャッシュレス化の進行や消費者被害の低年齢化に伴い，計画的な金銭管理や売買契約の仕組み，消費者被害が新設された。

　高等学校では，生活における経済の計画，消費行動と意思決定，持続可能なライフスタイルと環境から構成される。2022（令和4）年4月からの成年年齢の引下げを踏まえ，契約の重要性や消費者保護の仕組みに関する内容を

充実するなど，消費者被害の未然防止に資する内容の充実を図っている。

２．効果的な指導方法について

（１）中学校家庭科

　小学校家庭科で学習した基礎的・基本的な知識及び技能を基にして，生徒にとって身近な題材を設定し，「A家族・家庭生活」，「B衣食住の生活」の学習と相互に関連を図り，総合的に展開できるように配慮する。また，持続可能な社会の構築との関連を図ったり，キャッシュレス化の進行，消費者被害の低年齢化に伴い，金銭管理や売買契約の仕組みなど関連付けたりする。実践的な活動を家庭や地域などで行ったりすることができるように配慮する。

　自分や家族の消費生活を振り返り，支払い方法や物資やサービスの必要性など比較したり，グループで話し合ったりする活動が考えられる。また，売買契約の仕組みや，消費者被害について地域の専門家に話を聞いたり，対応の仕方についてロールプレイングをしたりする活動が考えられる。また，消費生活と実践では，家庭や地域と連携しながら問題解決的な学習を進め，学習の成果を発表する場を設けるなど活動を工夫したい。

（２）高等学校家庭科

　持続可能な社会を見通して，自立した生活を営むために必要な生活における経済の計画や消費生活及び環境との関わり等に関する理解を深める。そのために，家族・家庭や福祉，衣食住等の内容と相互に関連付けながら，環境に配慮して持続可能な社会を目指したライフスタイルと生涯を見通した生活設計について考察するなどの指導を工夫する。その際，給与明細など用いて具体的にシミュレーションを行ったり，外部講師や関連施設と連携を図り，ロールプレイングやケーススタディなどの演習を工夫したりして，実際的な体験活動を積極的に取り入れることによって理解を深めることが望ましい。また，ICTを活用したり，広告や表示（マーク），パンフレットなどで関連する情報を集めたりする活動や，それらを多面的・多角的に比較検討する意見交換などを通して，事業者側からの情報を過信することなく批判的思考に裏付けられた意思決定ができるようにしたい。　　　　　　　　（竹吉昭人）

Q7 学習対象となる生徒のプライバシーへの配慮を どうしたらよいのか述べなさい

1. 家庭科としてのプライバシーの捉え

　家庭科は教科の性質上，多様な価値観に気付かせ，自分の生活を振り返ることによって，自分自身の生活価値を問い直す教科である。配慮の必要な生徒に対して，十分な配慮をしつつ，過度に触れないようにするのではなく，授業で学習した自分とは異なる家族やジェンダー意識などを通して，生徒がこれから自分で創っていく新しい生活設計やライフスタイルを考えることができるような指導方法や教材を工夫していくことが重要である。

2. 家族に関すること

　中学校では「A家族・家庭生活」，高等学校では「A人の一生と家族・家庭及び福祉」が学習内容として取り扱われているため，家族関係をよりよくする方法や家族や地域のよりよい生活の創造など，家族を意識した学習展開が求められる。授業構成上，自分の成長を振り返る活動や，家族のコミュニケーションを取り上げながら，ロールプレイングをすることによって，家族が協力することの大切さについて話し合う活動等を行う場合がある。その際，生徒によっては自分自身の家族構成や家庭生活を振り返ることが困難な状況も見られる。そのような場合には，自分の家庭を対象にするのではなく，模擬家族の提示や，高校生であれば未来の自分が作る家族を想定して話し合わせるなど，様々な家族構成を提示する配慮が必要である。また，中学校の「B衣食住の生活」において，住居の機能に気付かせるために，家族の生活行為と住空間について調べる活動や，「C消費生活・環境」において，家庭生活で使用されているエネルギー使用量を調べる活動なども，生徒によっては自分自身の家庭生活を対象とすることが難しい場合がある。さらに，高等学校の「B衣食住の生活の自立と設計」の中で，例えば自己の家族の食生

活の計画・管理やライフステージと住環境においても，生徒自身が自分の家族や家庭生活を対象として考えたり，調べたりすることが難しい場合があることを想定しなければならない。事前に担任教諭と連携をとり，配慮が必要な生徒がいるかどうかやどのような配慮が必要かなどを把握し，教材や指導法などを工夫する必要がある。

3．アレルギー，文化の違いに関すること

調理実習や食材を使用した実験では，生徒によっては特定の食材に対してアレルギーをもっている場合がある。事前に担任教諭と連携をとり，生徒の食物アレルギーに関する正確な情報を共有しておく必要がある。

また，近年外国にルーツをもつ生徒や帰国生徒等が増加していることにより，宗教上等で食べることができない食物がある場合もある。食物アレルギーをもつ生徒と同様に多様な背景を理由に食べることができない生徒に対しても，保護者の理解を得るとともに，なるべく調理実習や実験に参加できるよう，代替の食材や食べることのできない特定の食材を除去した調理方法などを考案しておくなどの配慮が必要である。

4．ジェンダーに関すること

家庭科では，男女共同参画社会や父親，母親などジェンダーに関することも取り扱うため，第二次性徴期である中学生においては，特に性差を意識する教材や授業構成には十分配慮する必要がある。授業の中で「男女が協力して」や「男子（女子）は父親（母親）になるのだから」など，教師の何気ない一言に敏感になる生徒がいることも考えられる。学校生活を送る上で特有の支援が必要な生徒がいる場合は，個別の事案に応じ，生徒の心情等に配慮した対応を行うことが求められる。担任教諭との連携や学校全体でどのような方針で対応をしていくのか情報を共有した上で，保護者の理解とともに，家庭科の授業構成や教材なども吟味する必要がある。

（梶山曜子）

Q8 学校での学びと家庭や地域での生活をどのように関連付ければよいのか述べなさい

1．学校，家庭及び地域社会の連携の必要性

　家庭生活の価値や生活様式は多様化し，子どもたちを取り巻く環境にさまざまな新たな問題が生じてきている現代において，社会の急激な変化に主体的に対応し，自ら生活をよりよくしようと工夫する資質・能力を育成することが求められている。教育基本法第13条において「学校，家庭及び地域住民その他の関係者は，教育におけるそれぞれの役割と責任を自覚するとともに，相互の連携及び協力に努めるものとする。」と規定されている。学校がその目的を達成するためには，家庭や地域の人々とともに生徒を育てていくという視点に立ち，家庭，地域社会との連携を深め，学校内外を通じた生徒の生活の充実と活性化を図ることが大切であり，学校，家庭，地域社会がそれぞれ本来の教育機能を発揮し，全体としてバランスのとれた教育が行われることが重要である。

2．中学校及び高等学校における展開

　中学校技術・家庭（家庭分野）の目標（3）では「自分と家族・家庭生活と地域との関わりを考え，家族や地域の人々と協働し，よりよい生活の実現に向けて，生活を工夫し創造しようとする実践的な態度を養う」となっており，内容「A家族・家庭生活」では「課題をもって，家族や地域の人々と協力・協働し，家族や地域の人々と協働することについて理解し，幼児や高齢者との関わり方に関する基礎的・基本的な知識を身に付け，これからの生活を展望して，家族・家庭や地域における課題を解決する力を養い，実践的な態度を育成すること」をねらいとしている。つまり，家庭分野では，分野の目標や内容として，家庭や地域の人々との協力・協働が位置づけられており，授業で習得した内容を生徒自身が家庭や地域で実践し，問題解決し，活用することによってはじめて目標を達成できるものである。

　しかし，生徒自身が授業で習得したことを日常生活の課題解決に活用しようと思っても，生徒自身の家庭や地域の理解に齟齬があると，適切に対応できない場合もある。学校の教育方針や特色ある教育活動，生徒の状況などについて家庭や地域の人々に適切に情報発信し理解や協力を得たり，家庭や地域の人々の学校運営などに対する意見を的確に把握して，自校の教育活動に生かしたりすることが重要である。例えば，「家庭科便り」を発行して，生徒の家庭実践への協力を依頼し，保護者が過度に手伝うことのないよう伝えたり，学習成果を地域や保護者に発信する場を設定したりすることなどが考えられる。また，布を用いた製作に係る授業や地域の食材を用いた和食の実習などを行う時にボランティアを募ったり，地域の消費生活センターなどと連携し消費の授業を行ったり，地域の栄養士や保育士など専門家や外部講師を招いてキャリア教育の視点から授業を展開することも考えられる。

　「A家族・家庭生活」「(2) 幼児の生活と家族」の指導にあたっては，内容の取扱いにあるとおり，地域の幼稚園，保育所，認定こども園などにおいて，幼児の観察や幼児との触れ合い体験ができるよう連携することが重要である。また，高齢者など地域の人々との関わる授業を進めるにあたっては，介護や福祉の専門家の協力を求めたり，地域の高齢者をおもてなしする活動等を通して，積極的に交流したりすることも大切である。

　高等学校家庭科では親の役割と子育て支援等の理解，高齢者の理解に関する学習活動の充実が求められている。学習の場所を教室に限定せず，地域との連携・協働を通して学習の場を広げることも重要である。自己の家庭生活や地域の生活と関連付けて生活上の課題を設定し解決方法を考え計画を立てて実践するホームプロジェクト等を通して，主体的に取り組む問題解決的な学習を学びのプロセスの中に取り入れて展開することも考えられる。

　高齢者や幼児，地域の人々を学校に招待したり，生徒が施設を訪問したりする直接的な交流が困難な場合は，学習成果をビデオで地域の人々に発信する場を設けたり，ゲストティーチャーのメッセージを授業で視聴したりするなど，視聴覚資料やICTを活用して指導方法を工夫することも必要である。

（梶山曜子）

Q9 中学校家庭分野の「課題と実践」や高校のホームプロジェクトを指導する際に留意することについて述べなさい

1. 中学校家庭分野の「課題と実践」

　中学校学習指導要領「指導計画の作成」(2)家庭分野「課題と実践」には，「三項目のうち，一以上を選択し履修させること。その際，他の内容と関連を図り，実践的な活動を家庭や地域などで行うことができるよう配慮すること」とある。すなわち習得した知識及び技能などを実生活で活用するため，A，B，Cの各内容に位置づけること，さらに，生徒の興味・関心等に応じてA，B，Cの内容を相互に関連させて課題を設定できるようにすることが求められている。

　例えば生徒の興味・関心等に応じてAとB（幼児のためのおやつ作り）や，BとC（環境に配慮した食事）等，内容を関連させて扱うことができるようになった。すべて複合的に扱う必要はないが，一度の「課題と実践」で2つ以上の内容を選択することも可能である。生徒が生活を総合的によりよくしていく視点をもつことが可能となるよう，年間学習計画の中で効果的に取り入れたい。

　また1学年と3学年で「課題と実践」を取り入れて問題解決的な学習を繰り返し行えるようにしたり，各学校の目標や他教科と関連させて家庭科の学習を深めたりすることも可能である。

　題材設定においては生徒及び学校，地域の実態などを十分考慮するとともに，他教科等との関連を図り，高等学校における学習を見据えて教科のねらいを達成できるよう基礎的・基本的な内容を押さえること，生徒の発達段階に応じて興味・関心を高め，生徒の主体的な学習活動や個性を生かすことができるように配慮することが大切である。以上のように，内容の関連性やつながりを重視して3年間の指導計画を立てるようにしたい。

2．高等学校「ホームプロジェクト」

　2017（平成29）年の改訂では育成を目指す資質・能力を「学びに向かう力・人間性等」も含めて捉えている。家庭科においては学んだ知識・技術を活用し，よりよい生活の実現にむけて生活を工夫し創造しようとする実践的な態度を身に付け，この力を家庭や地域へと広げ，社会を生き抜く力としていくことが必要である。

　小学校ではA（4）に「課題と実践」が新設され，中学校でも新内容A～Cに「課題と実践」が設定された。これらは高等学校におけるD（ホームプロジェクトと学校家庭クラブ）の内容につながるものである。この度の改訂で小学校・中学校・高等学校の内容の系統性が明確化になり，児童・生徒の発達の特徴を踏まえた内容の接続が容易になった。中学校，高等学校では，時間軸は生涯を見通す視点に，空間軸は地域，社会を捉える視点へと広範囲になっていくことから，これらの系統性を踏まえることが必要である。

　高等学校の「ホームプロジェクト」では，小学校・中学校の「課題と実践」の学習を生かして，生活を総合的にとらえる機会とし，例えば，問題解決的な学習の過程を主体的に意識させるよう，題材やカリキュラムを通して，生活課題や解決方法を考えさせるようにしたい。指導の際には，生徒一人ひとりの課題発見を促し，何を解決したいのかを明確にさせ，それに合った適切なテーマや計画を設定できるよう促すことが大切である。問題を解決する方法は1つではないため，あらゆる可能性を想定し合理的な方法を選択できるよう，家族や様々な立場の方々の協力を得ながら取り組んでいけるようにアドバイスすることが効果的である。

　小学校，中学校に限らず高等学校においても，問題解決的な学習プロセスの中で特に生活を見つめ課題を発見するステージの難しさが指摘されているところである。高等学校のホームプロジェクトの指導においては，特に小学校・中学校でのこれまでの学びを振り返り，学んできたことを活かして自らの生活を見つめなおし，生活の営みに関する見方・考え方を働かせながら，これからの家族・家庭や社会を意識したテーマ設定となるようにしたい。　　　　（中村誉子）

Q 10　知識や技能を習得する学習における評価規準の作成と評価の留意点について述べなさい

1．家庭科における知識や技能とは

（1）生活上で生きて働く知識や技能

　家庭科教育では生徒自身の生活を学習対象として，実際の生活上で活用できる知識や技能を習得する。しかし，うまく活用できないことが多い。その理由は大きく2つある。1つは実際の生活で使う場面を想定できない学びになっていること。もう1つは学校で学んだことを生活に活用できると考えていないことである。つまり，学校で学んだ内容（学校知）を生活知にうまく変換できない問題と考えられる。実際に私たちの生活は混とんとしていて様々な問題が雑多に存在している。これらの問題解決を図るためには，家庭科で学んだ衣食住等の個々の知識や技能を生活場面にあわせ，複合的に用いて問題解決するという難しさがある。

（2）中学生に身に付けてほしい知識や技能

　そこで，中学生に身に付けて欲しい知識は，その後の生活で活用することを想定し有用と思われるものである。問題解決能力を伴う知識と言ってもよいだろう。例えば，ハンバーグをつくる知識として作り方の手順を知ってその通りにできることよりも，なぜ卵や牛乳を加えてひき肉をこねるのか，こね方が足りないとなぜ形が崩れてしまうのか，など1つ1つの手順について概念的に理解することが必要になる。概念を理解していれば，肉をこねる他の料理を作る際にも応用が利き，材料の1つが足りない時にどうすれば代替できるのかなど，様々な問題に対応できるようになる。アンダーソン（Anderson）らによれば知識は単に定義する事実的知識から概念的知識，手続き的知識，メタ認知的知識へと高次になるとされている。生活上で応用するためには概念をよく学び，メタ認知的知識を自らの経験を通して増やしていくことが重要と考えられる。一方，技能は短時間では身に付かないという特徴がある。

ただし，その技能の成り立ちや使い方について概念的に理解しておくことが習得に要する時間を最短にして習得を助けると考えられる。

2．知識や技能を生活で活かすための評価

（1）生活場面で有効となる知識と技能

家庭科で学ぶ知識や技能はペーパーテストや技能テストである程度評価できるが，その知識や技能が真に生活で使えるかどうかを評価しなければならない。生活での問題場面を設定して解決するパフォーマンス課題への取り組みを評価することが有効である。パフォーマンス課題は当該の単元で習得してほしい本質的な力を評価するために，単元で目指す永続的に理解すべきことを中核とした課題である。さらにルーブリックを作るなどして評価方法を考え，この複合的な課題が達成できるような授業（単元）を設計する。例えば「家族の好みや健康状態を踏まえて休日の昼の献立を作成しなさい」というパフォーマンス課題に取り組むためには世代ごとに必要とされる栄養・食品，消化しやすい調理方法といった内容を段階的に学ぶよう単元を構成する。

（2）意図的にメタ認知的知識をふやす

家庭科では生徒が自らを振り返り，学習した知識や技能を生活上で使ってメタ認知的知識を増やすことが重要である。具体的には，やったこと，身に付けたことを振り返り記述することである。その際に「感想を書きなさい」というのではなく，「今日やったことを書き出しなさい」「今日の授業で分かったことを書きなさい」「今日の授業で難しかったことを書きなさい」など観点を示し，授業のたびに繰り返し振り返るような工夫が必要となる。

参考文献

L.W.Anderson,et.al（2001）*A taxonomy for learning, teaching, and assessing; A revision of Bloom's taxonomy of educational objectives,* Longman.

西岡加名恵・田中耕治編著（2009）『「活用する力」を育てる授業と評価 ── 中学校　パフォーマンス課題とルーブリックの提案』学事出版.

（河村美穂）

Q 11　生活上の問題を解決する学習における評価規準の作成と評価の留意点について述べなさい

1．家庭科における問題を解決する学習とは

　中学校・高等学校学習指導要領において，中学校技術・家庭科家庭分野の目標に「これからの生活を展望して課題を解決する力を養う」，そして高等学校家庭科の目標に「生涯を見通して生活の課題を解決する力を養う」と掲げられているように，問題を解決する学習（以下，問題解決学習）は家庭科において非常に重視されている。家庭科の学習はそのすべてが生活上の問題を解決することの一環と捉えることもできるだろう。

　生活上の問題を解決することには3つの側面があるといわれている。第一に「技術的」側面があり，これは衣食住などの生活を合理的に営むために技術を直接に駆使して解決する部分である。第二は「コミュニケーション的」な側面であり，他者と交渉しながら合意を得るといった相互作用的な解決を図るものである。そして第三は「解放的」な側面で，批判的思考により旧来的で偏った価値観から解放されることで解消されるべき部分である。実際の個人・家族・地域社会でなされる問題解決は様々な側面が絡み合ったものであることが多いが，家庭科における問題解決学習で取り上げる問題も抽象的なものではなく具体的でリアリティのあるものでなければならない。

2．問題を解決する学習のプロセス

　家庭科で対象とする問題は思考だけでなく行動によっても解決が図られることが想定される。学習指導要領では課題解決の「学習過程」として「生活の課題発見」「解決方法の検討と計画」「課題解決に向けた実践活動」「実践活動の評価・改善」「家庭・地域での実践」のサイクルが例示されている。

　問題を見いだしてから解決の結果を得るまでの学習プロセスは長期にわたることもあるため，最終的な総括的評価だけでなく，形成的評価をどのよう

に行うのかが重要になると言うことができる。

3．問題を解決する学習の評価方法と留意点

　指導と評価の一体化とはしばしば言われることだが，問題解決学習においても目標を踏まえた評価規準の設定は重要である。目標の設定について，教育学者のエリオット・アイスナー（Elliot W. Eisner）は行動目標のほかに問題解決目標が重要であると説いている。あらかじめ教師が設定した行動を引き出すことだけでなく，問題を解決するまでの試行錯誤の時間を経て生徒に形成される高次の能力を見据える必要があるというのである。

　例えば，中学校における「金銭と管理と購入」の題材において，適切な購入方法，支払い方法を選択して目的や予算などの制約条件を満たす商品を購入するという課題が解決できたかという規準を設定し，その達成をテストなどにより客観的に把握するのは大切なことである。しかし，与えられた条件を満たすような購買行動をとるという「技術的」側面からの解決だけでなく，商品の情報を収集し他者に発信することができたか，あるいは消費者が事業者と比較して相対的に弱い立場にあるという現状を批判的に捉え，連帯することの意義を認識することができたかというような問題解決の「コミュニケーション的」「解放的」な側面を視野に入れた規準を設定して協働的，創造的そして批判的な思考や行動を評価することが，問題を解決する過程で様々な高次の能力を獲得することにつながると言える。

　問題解決学習の評価にはオープン・エンドな方法，すなわち正答が限定されないような評価方法が有効である。特に「コミュニケーション的」「解放的」な側面を持つ問題を解決する際には，児童が多様な知識・技能をどのように活用しているのかをオープンに記述・表現させ，それらをポートフォリオのような形式で蓄積することで教師は授業改善の資料を得ることができ，また生徒はより深く学習を振り返ることができるだろう。

参考文献
中間美砂子編著（2006）『家庭科への参加型アクション志向学習の導入
　── 22の実践を通して』大修館書店．　　　　　　　　（瀬川　朗）

Q 12　体験的な学習における評価規準の作成と評価の留意点について述べなさい

1．家庭科における体験的な学習とは

『中学校学習指導要領解説　技術・家庭編』は「衣食住などに関する実践的・体験的な活動」の具体として「調理，製作等の実習や観察，調査，実験」を挙げ，「家庭分野における学習方法の特質」と説明している。ここでは「体験的な学習」と呼ぶことにしよう。体験的な学習は生徒が家庭科の授業で最も楽しみにしている活動の1つで，意欲を持って取り組むことが期待できる反面，様々な落とし穴がある。例えば，実習では料理や製作物の完成に注力するあまり途中経過が見過ごされてしまうことや，いわゆる「調べ学習」において発表会の成功が目的化し，生徒が身に付けた学力の把握が疎かになってしまうことはないだろうか。いずれも，体験的な学習の目標と評価方法を適切に設定することで改善することができる。

2．体験的な学習とパフォーマンス評価

体験的な学習の評価に有用な考え方の1つとして「パフォーマンス評価」がある。ここでは，グラント・ウィギンズ（Grant Wiggins）らにより提案されたパフォーマンス評価の方法を概観したい。

パフォーマンス評価は，多様な知識や技能を総動員して現実的な文脈のもとで実演（パフォーマンス）するような課題（以下，パフォーマンス課題）を構成し，それを評価基準表（ルーブリック）によって採点するという方法である。実演には調査発表のような長期的なプロジェクトから，ワークシートの自由記述まで，客観テスト以外の様々な活動が該当する。もちろん調理実習や被服製作実習もパフォーマンスの一種とみなすことができる。

パフォーマンス評価において重要なのは，それが「理解」を確かめるための方法であるということである。ここでの「理解」は帰納的な推論によって得ら

116

れる一般的な命題のことである。例えば，「毛でできた衣服は洗濯機洗いで縮むことがある」などがそれにあたる。また，その背後には「衣服を長く着るためにはどのような手入れをすればよいか」のような「問い」がある。ここでの「問い」は根拠を挙げて他者に説明したくなるもので，他教科等の学習を含むさまざまな状況に転移するもので，かつ私たちの生活で生起しうるような疑問のことである。いくつかの「問い」と「理解」から出発して，「理解」を確かめるにはどのようなパフォーマンス課題を設定するべきだろうかということを考えるのが，パフォーマンス評価による授業デザインの手順である。

　上記の例のように「毛でできた衣服は洗濯機洗いで縮むことがある」という理解を確かめる場合には，さまざまな洗い方をしたセーターの実物や写真を示してそれを解釈させる課題が有効だろうが，それ以外にも実際に手洗いをしたり，取扱い表示の意味や必要性を他者に説明したりする課題も考えられる。パフォーマンスを設定するにあたっては課題を現実の生活における文脈に位置付けることが重要であり，例えばどのような目的で着る衣服なのか，洗濯のための時間や費用はどのような条件を満たすべきなのかなど具体的な目的や状況を設定することが求められる。また，設定した課題はなるべく早くから生徒に示し，方向性を明らかにして学習を進めることが効果的である。

　「問い」と「理解」から課題を設定したうえで，最後に採点のためのルーブリックを作成する。ルーブリックは達成レベル（◎，○，△などいくつかの段階を設ける）とレベルごとの判断基準を示した評価基準表である。生徒の納得が得られるようなルーブリックを設定するために，複数の教師がパフォーマンス課題として提出された作品などを並べて比較することや，授業における生徒の意見を踏まえて表現を修正することなどが必要である。

　パフォーマンス評価の考え方を援用し，生徒に理解させたいことを明確化した課題を設定することは，目標を見失いがちな体験的な学習をより意義あるものとすることができるだろう。

参考文献

グラント・ウィギンズほか（西岡加名恵訳）(2012)『理解をもたらすカリキュラム設計 ―「逆向き設計」の理論と方法』日本標準.　　（瀬川　朗）

Q 13　中・高家庭科で「生活の営みに係る見方・考え方」を効果的に活用する方法や，その「見方・考え方」を鍛える方法について述べなさい

1．生活の営みに係る見方・考え方とは

　生活の営みに係る見方・考え方とは，家族や家庭，衣食住，消費や環境などに係る生活事象を，協力・協働，健康・快適・安全，生活文化の継承・創造，持続可能な社会の構築等の視点で捉え，生活を工夫し創造することである。「A家族・家庭生活」，「B衣食住の生活」，「C消費生活・環境」の3つの内容は，これらの視点の働かせ方は異なるものの，各視点が関連しあっている（図3-13-1参照）。

　「協力・協働」について，小学校では家族や地域の人々との協力，中学校では地域の人々との協働に重きをおく。「健康・快適・安全」では，これらの見方・考え方を働かせて，生活を振り返り，主に衣食住に生活に係る課題を解決する力を育成する。「生活文化の継承・創造」については，小学校では生活文化の大切さに気付くこと，中学校では生活文化の継承，高校では生活文化の継承・創造に重きをおく。「持続可能な社会の構築」は，主に消費生活や環境に配慮した生活に向けて課題を解決する力を育成する。

　授業では，最初のガイダンスで，どのような生活を創造したいかを考え，生活の営みに係る見方・考え方を活用して生活事象を捉えることに気付き，これから学びたいことを話し合うとよい。

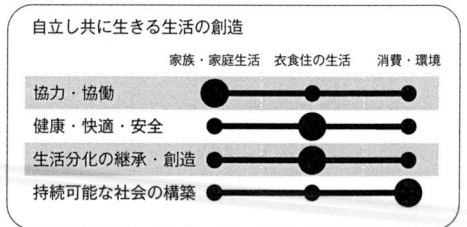

図3-13-1　生活の営みに係る見方・考え方

文部科学省『家庭，技術・家庭ワーキンググループにおける審議の取りまとめ（報告）』資料1-1より引用

2．生活の営みに係る見方・考え方の効果的な活用とそれを鍛える方法

　幼児に衣服を選ぶ場面を，生活の営みに係る見方・考え方を働かせて考えてみよう。着用の目的として「どんなときにどんな着方をするか」以外に，考えなくてはならないことは何だろうか。幼児の肌に優しい素材や縫製か，幼児にとって着脱しやすいか，着心地はよいか，幼児が気に入るか，幼児の安全が守られるか（ボタンの誤飲やフードによる事故等のリスクはないか）等があるだろう。これらは「健康・快適・安全」の視点を働かせている。また，幼児は衣服を汚すことが多く，成長や発達も早い。衣服の手入れは容易か，洗濯に耐えられるか，着られなくなったときはどうするか等，「持続可能な社会の構築」の視点を働かせて考えることも必要である。このように，見方・考え方を働かせることは思考を深めることに役立つ。見方・考え方を活用することは，生徒の視野を広げ，生きて働く力になるといえる。

　それでは，生活の営みに係る見方・考え方を鍛えるにどんな方法があるだろうか。生活事象を，見方・考え方の視点で捉え直すことを促すとよい。例えば，食生活を振り返るときに，「協力・協働」の視点を働かせるとどんな気づきがあるだろうか，「健康」の視点を働かせるとどうだろうか。食生活を，生活の営みに係る見方・考え方の視点から見つめ直すことで，多角的に振り返ることが可能になる。また，生活の振り返りや課題の発見以外に，課題の解決にも見方・考え方を活用することができるだろう。また，見方・考え方を活用して，パフォーマンス課題に取り組ませることも考えられる。

　生活の営みに係る見方・考え方を働かせて，多様な視点を交差させながら生活や生き方を振り返り，どのように生きていくかを考えることは，毎日の生活を大切にする気持ちを育み，よりよい生活の工夫や創造につながる。

参考文献

伊藤葉子編著（2019）『新版 授業力UP 家庭科の授業』日本標準.
日本家庭科教育学会編（2019）『未来の生活をつくる』明治図書出版.

（小清水貴子）

Q 14 Aの学習内容を例に：生活上の問題を解決する学習に関する学習指導計画の作成方法と配慮事項について述べなさい

1. 家庭科における生活上の問題を解決する学習

学習指導要領によると，家庭科は生活の中から問題を発見し，自ら課題を設定してその解決に取り組む力の育成を中・高ともに目指す教科であるということが示されている。家庭科は生活を扱う教科であり，よりよい生活の実現に向けた思考・判断・実行できることが大切と考えられている。これらを受け，家庭科の授業では，身近な生活を中心としたさまざまな課題を解決する力や態度を身につけることを目的とした学習が展開されている。

2. 学習指導計画の作成方法

家庭科の学習指導計画を作成する際には，学習指導要領や教科書に示された順序に沿って進めつつ，授業を受ける生徒の状況を踏まえて構成することが大切である。なぜなら，生徒が生活の中で抱いている疑問や問題に関係しているかどうかが，家庭科を学ぶ意欲に直接影響するからである。

そもそも，現状の生活に何も疑問を抱かぬまま日々を過ごしている生徒も多い。特に，Aの学習内容は家族・家庭生活という，生徒が普段あまり意識していない家族や地域の人との関係性に関する内容であり，学ぶ意味をなかなか見いだせない生徒もいる。そこに気づかずに「家族とは何か」と聞いても，教師が想定しているような答えは返ってこない。そこで，具体性のある題材を用いて，身近にありそうな生活上の問題を疑似的に解決する授業が有効になる。例えば，中高生のいる家族についてのロールプレイングを用いた授業やアニメの家族構成を例に挙げて展開するような授業である。このような題材を使った授業は，実際の学校現場でよく行われている。なぜなら，具体的な話に対しては賛成・反対といった意見を出しやすいからである。授業で出た家族の課題や解決方法は，まとめの段階で生徒自身の家庭生活に関連

させて振り返るようにするとよい。授業だけでは直接解決できないこともあるが，多様な解決の方法を学ぶことで生徒自身の生活に活かすことができる。

　またAの学習内容の特徴として，時代の変化の影響を受けやすいということがある。教師は社会情勢や社会問題などに日ごろから関心を持ち，生徒に提供できるよう準備をしておきたい。概念を教えるにとどまらず，旬の話題を生徒同士が共有し考え，話し合うことで新たな気づきや価値観が育まれる。

3. 学習をする際に配慮すること

　Aの学習内容は家族・家庭生活という，人との関係性や個人の内面と密に関わっているため，題材の取り上げ方，発問などには十分な配慮が必要である。例えば，授業での何気ない言葉遣いにも注意が必要である。「父」「母」ではなく「お家の人」「家族」「保護者」という表現にしたり，「あなたの家族構成は何ですか」と直接的な質問をしたりすることは避けなければならない。必要以上に生徒のプライバシーを教室の場に引き出すような授業にならないよう気を付ける。しかし，将来どのような生き方をしたいと考えているか，家族や人間関係を取り巻く社会問題に対し自分あるいは周りの友人がどのように考えているかを話し合うなどして共有することは生徒にとって有益である。つまり，Aの学習内容を扱う際は，生徒が現状を静かに見つめ，将来の自分の生き方を堂々と語ることができるよう教師が最大限配慮をする必要がある。

　加えて，家族や人との関係性は良い・悪いで判断できるものではなく，生徒個々の置かれている状況もさまざまであるため，教師自身の考え方を押し付けることのないように注意する。

参考文献

文部科学省（2019）『高等学校学習指導要領（平成30年告示）解説　家庭編』教育図書.

文部科学省（2018）『中学校学習指導要領（平成29年告示）解説　技術・家庭編』開隆堂出版.

（椎谷千秋）

Q 15　Bの学習内容を例に：体験的な学習に関する学習指導計画の作成方法と配慮事項について述べなさい

1．家庭科における体験的な学習の意味

　家庭科においては「原則として10分の5以上を実験・実習に配当すること」とあるように，体験的な学習を重視している。調理実習や被服実習の他に，保育園実習やゲストを迎える対話のある授業，住宅展示場の見学など多岐にわたる。中学校・高等学校の家庭科が女子向きの教科であった時期には，手順通り料理することや手続き通りに縫って完成させることを大切にしていた。しかし，現在は体験的な学習では「やってみて分かること」を大切にしたい。言い換えれば，やってみて感じたこと・考えたことを学びの履歴とすることである。

　家庭科では，従来生活に対する科学的認識を促すことを目指してきた。そのために感性的認識から科学的認識へと高次に転換することを重視してきた。ただし，生徒の体験が不足している現在の生活においては，感性的認識そのものを育むことも重視したい。そのための「やってみて分かる」体験について考えてみよう。

2．体験的な学びから感じて考えること：感性的認識をはぐくむために

　初めてのことを人はどれくらい記憶しているものだろうか。初めて包丁をもってキュウリを切ったことや針に糸を通して縫物をしたことなど，包丁で指を切りそうで怖かった，針で指をさしてしまって痛かったなど身体的な感覚の記憶が多いのではないかと思う。ただし，私たちは1週間もするとこの身体的な感覚よりも，うまく切れたことやできなかったことなどメタ認知的な感想を付与して記憶するようになる。実際に調理実習を行った1か月後に書いてもらった感想（河村・小清水，2006）では，高校生はミネストローネをつくるためのみじん切りをほかの料理に応用できる技とするなど，調理実習での学びを普遍的にとらえようとしていることが分かった。これは物事を科

学的にとらえようとするステップとして重要である。と同時に，調理実習で作った料理を食べておいしかったことなど身体的な感覚も記述されていた。身体的な感覚は実は同じような体験をする際に，私自身に有用な知識として働く。茹でた野菜がどのくらい熱いのか，針で指をさすとどれくらい痛いのか，作った料理のおいしさなど，感じて考えたことがその後に有用な知識となるのである。それは記述するには難しい場合もあるが，体験をした本人には理解できる記述となる。そこで実習の最後の5分をとってその日の体験を書くようにするとよい。その場合に「今日の実習でやったこと」「やって感じたこと」というように，感性的認識を喚起するような問いかけが必要である。

3．意味ある体験にするための学習計画

　家庭科で行う体験的な学習は大きく2種類ある。教師が意図的に設定する体験と，生徒が問題解決を図るための体験である。「手縫いの技能を習得する」などは教師の意図した目標が明確であるが，単元の中にどう位置付くのか，この目標を達成するために体験の前後にどのような学習を配置すればよいのかを考える必要がある。一方「機能的なトートバッグをつくる手順を考えるために不織布で試しづくりをする」問題解決的な体験などについては，学習のプロセスがそのまま問題を解決することになるが，ワークシートなどを用いて学習の計画と履歴を記録するなどの工夫が必要になる。

　これまで家庭科では教師が意図した体験が多く行われてきた。その体験の目標は体験を通して知識や技能を習得することであった。一方で体験には問題を解決するプロセスとして有用な学びが詰まっている。生徒自ら学習のプロセスから学ぶためには，教師がそれらに対処する力量と豊かな経験（生徒の陥りやすい失敗を知っているなど）が必要とされるが，有用な学びであることには間違いない。

参考文献

河村美穂・小清水貴子（2006）「調理実習で生徒は何を学んでいるのか：調理実習記録および振り返りから」『埼玉大学紀要教育学部（教育科学）』55（2），31-40.　　　　　　　　　　　　（河村美穂）

Q16 Cの学習内容を例に：持続可能な社会の実現を目指す学習に関する学習指導計画の作成方法と配慮事項について述べなさい

1．家庭科における持続可能な社会の実現

持続可能な社会とは，「地球環境や自然環境が適切に保全され，将来の世代が必要とするものを損なうことなく，現在の世代の要求を満たすような開発が行われている社会」のことを言う。

グローバル化した社会の中で生きる私たちの生活は，遠くの人や地域とつながり，支えられて成り立っている。環境や他者の立場を考えて，持続可能な社会をつくっていくことが求められている。

2．SDGsという視点

私たちの日常生活は，様々な危機的状況にさらされている。異常気象，貧困，格差などの課題を抱え，世界中の国々が危機感を共有している。人々の暮らしを持続可能とするため，2015年9月国連は，持続可能な社会を実現するための方策として，2030年までに達成すべき世界共通の目標SDGs「Sustainable Development Goals（持続可能な開発目標）」を採択した。貧困や不平等，格差，気候変動などといった17分野の目標と169のターゲットからなるアジェンダである。

日常生活のなかに，SDGsに関連する事柄はたくさんある。例えば，「プラスチックごみ問題」がある。ペットボトルやレジ袋などのプラスチックは利便性がある一方で，海に流れ込むとマイクロプラスチックとなり，生態系に悪影響を与えている。私たち一人ひとりがこうした社会問題を「自分ごと」として捉え，解決に向けて積極的に努力することが求められている。

3．学習指導計画の作成方法と配慮事項

　学習指導計画を作成する際は，消費生活を見直して課題を設定し，計画，実践，評価，改善という一連の学習過程を重視し，課題解決型の学習を進めるようにする。Cの内容を独立して取り上げるのではなく，各領域の学習や他教科との関連をもたせ，学校行事を考慮して実施する時期を決めるなど，総合的に展開するように計画を立てると良い。

①家族・家庭生活との関連

　例：激安商品と人権侵害との関連や環境に配慮したライフスタイルなど

②衣生活との関連

　例：衣服の選択（エシカルファッション）や素材，アップサイクルやリサイクルを取り入れた被服製作など

③食生活との関連

　例：調理の仕方（エコクッキング），食品の選択と流通（フェアトレード，食品ロス，フードバンク）など

④住生活との関連

　例：環境負荷に配慮した住まいの工夫や生活文化との関わりなど

⑤他教科との関連

　例：社会科の「政治や経済」や「地域の自然災害」，理科の「科学技術と人間」や「自然と人間」など

　指導する際は，なぜ取り組む必要があるのかについて科学的根拠を提示し，課題意識を持たせると共に，「どうするのか」といった行動変容のみに焦点化した授業展開にならないように注意したい。

　なお，2022（令和4）年4月1日から成年年齢が18歳に引き下げられることを踏まえ，高等学校「家庭総合」を履修する際は，「C持続可能な消費生活・環境」は入学年次及びその次の年次の2か年のうちに取り上げるよう規定しているので，留意すること。

参考文献・URL

　文部科学省：平成30年改訂の高等学校学習指導要領に関するQ&A　https://www.mext.go.jp/a_menu/shotou/new-cs/qa/1422603.htm（2020年5月5日閲覧）. 　　　　　　　　　　　　　　　　　　　　　　　　（田中和江）

Q 17 　他教科や総合的な学習の時間との連携を考慮した学習指導計画の作成方法と配慮事項について述べなさい

1．教科等の独自性を知る

（1）家庭科における見方・考え方

家庭科の学習は他教科等との学習と結びついて深まると考えられる。例えば，食生活の内容は保健体育科や理科の学習内容と関連しており，社会科とは保育や高齢者福祉，消費・環境の内容と関連性が深い。このような特徴の背景には，家庭科の背景学問とされる家政学が，自然科学，社会科学，人文科学等の諸科学を基盤としていることが考えられる。しかし，学習内容に関連はあるものの，各教科の本質的な意義や見方・考え方は異なる。

家庭科の生活の営みに係る見方・考え方とは，家族や家庭，衣食住，消費や環境などに係る生活事象を，「協力・協働」，「健康・快適・安全」，「生活文化の継承・創造」，「持続可能な社会の構築」等の視点で捉え，よりよい生活を営むために工夫することである。つまり，既習事項を踏まえながら，4つの見方・考え方の視点で学習内容を整理し直し，子どもたち自身の新たな生活観を創造していくことが，家庭科の独自性であると言える。

（2）総合的な学習の時間との関係

2018（平成30）年度改訂の中学校学習指導要領解説によると，総合的な学習の時間の見方・考え方は，「各教科等における見方・考え方を総合的に活用して，広範な事象を多様な角度から俯瞰して捉え，実社会・実生活の課題を探究し，自己の生き方を問い続ける」とある。各教科等の見方・考え方を使い分けながら，あるいは融合させながら，課題を探究することが，総合的な学習の時間の特徴であると考えられる。圏点は，家庭科の目標と類似しているが，家庭科では，教科の学びを保障する立場から，生活者としての自立・自律を目指して自己の生活を見つめる視点と身近な生活問題を解決するための生活スキルの習得が求められる。したがって，総合的な学習の時間と

の関わりを考慮しながら，双方が効果的に展開されるようにしたい。

２．学習指導計画の作成方法と配慮事項

　家庭科と他教科等との連携を図るためには，各教科の学習内容と年間指導計画を把握する必要がある。家庭科の食生活分野との関連が高い，保健体育科と理科の学習内容を例に挙げる（表3-17-1）。保健体育科の保健分野では，健康の保持増進のための食事，生活習慣病を予防するための食事が扱われている。これは，食生活分野の「(1) 食事の役割と中学生の栄養の特徴」と結びつけることができる。また，理科の第２分野では，生命を維持する働きとして消化の仕組みが扱われている。これは，食生活分野の「(2) 中学生に必要な栄養を満たす食事」の栄養素の働きや消化に関わる内容と結びつけることができる。このように，他教科等の年間指導計画を考慮しながら，家庭科の学習指導計画を編成することによって，他教科等での既習事項を踏まえて家庭科学習を進めることができ，生徒の理解がさらに深まると考えられる。また，被服材料の性能実験や着色料の抽出実験など，指導方法の中に理科の指導要素を取り入れることも可能である。

　配慮事項としては，連携を意識するあまりに家庭科の本質的な意義を見失わないこと，他教科等を担当する教員との連携を密にすることなどが挙げられる。同じ教材でも，各教科で身に付けさせたい資質・能力によって，その扱い方は異なる。汎用的資質・能力の獲得に向けて，各教科からどのようなアプローチをするのかについて，十分に検討する必要がある。教科等横断的な取り組みを実現するためには，一人ひとりの教員が教科等の意義を生徒に明確に示すことができる能力を身に付ける必要がある。

表3-17-1　食生活分野に関わる他教科等の学習内容

保健体育科	理科
保健分野	第２分野
(1) 健康な生活と疾病の予防	(3) 生物の体のつくりと働き
	(ウ) 動物の体のつくりと働き
ア 健康な生活と疾病の予防について理解を深めること。	ア 生命を維持する働き

（詫間千晴）

127

Q 18 中・高の家庭科の教材研究をする際に大切な視点について述べなさい

1. 中学校・高等学校にとっての家庭科の授業

　家庭科の授業は，中学生や高校生にとってしばしば，退屈である。それは，すでに知っていることを取り上げていたり，自分の生活とはかけ離れた内容だったりと，学習したことをどう活かすのかさっぱり見えてこないような場合だ。反対に，自分たちの身近な生活に関係した話には目の色を変えて飛びついてきてくれる。他にも，製作や五感をフルに活用した体験型の授業には積極的に取り組む生徒が多い。受験科目にはないけれど，将来的には1番役に立つと多くの生徒が口にする，それが生徒にとっての家庭科の授業のイメージだ。

　教材研究をする際には，生徒にとって何が必要であり，どのように伝えたり共有したりしたら生徒の生活がよりよいものになるかということを念頭に置いて行うとよい。そのために，生徒のことをよく理解することから始めよう。具体的には，生徒の実際の生活状況や今興味のあることは何か，悩んでいることは何か，などをよくリサーチするのである。授業の切り口を生徒の実生活に近づけるほど，生徒は教師の話に耳を傾けてくれるからである。

2. 授業のねらいを明確にする

　授業のねらいである「なぜ学ぶのか」を生徒に明確に示し，生徒が納得した上で授業をすることは大切である。このねらいを示さず，授業でいくら必要かつ重要な話をしても，生徒にとっては他人ごとになってしまう。1時間あるいは1単元，もしくは1年間，設定したねらいがぶれないように各授業や単元，年間のまとめまで計画し，実行する。そして設定したねらいが達成されたか，生徒に感想を書いてもらうなどして，教師自身が必ず振り返り，次の授業に活かすようにする。

3．科学的認識の育成ができる授業にする

　家庭科の授業の中には，「おばあちゃんの知恵」的な内容に終始してしまう授業や作り方（how to）の伝授にとどまってしまう授業がある。例えば，授業の目標が「ホワイトソースの作り方を知る」のみといった授業が挙げられる。このような授業は，科学的認識を育む機会がなく，題材が変わると習得した技能が応用しにくいという点で問題視されている。そのため，教材研究の際には科学的認識を育み，技能を応用可能な形で習得させることを前提として行うことが望まれる。つまり，同じホワイトソースを扱う授業であっても，「小麦粉や牛乳の調理性」や「ブラウンソースとの違い」などに触れ，ホワイトソース以外を作る場合にも援用できるような知識や技能の広がりを意識した教材準備をすることが大切である。

4．目の前の生徒の 10 年後や 20 年後を見据えて授業を作る

　家庭科の授業をしていると，生徒の日々の生活や本人の性格がよく見える。授業中の何気ないつぶやきや，実習のときのふるまい方など，生徒をよく知るきっかけがたくさんある。家庭科の授業を作る上でカギになるのがこの「生徒理解」である。この生徒理解を土台にし，生徒たちが将来自立した生活を送ることができるようにするためには何をどのように教えたらよいか考える。

　家庭科の学習内容は，今日明日すぐに役に立つものばかりではない。この先の長い人生の中で，ふとしたときに「あぁ，そういえば家庭科の授業でやったなぁ」と思い出してもらえたら大成功である。その瞬間が訪れるのは，3 年後かもしれないし 10 年後，あるいは 20 年後かもしれない。そのような生徒の将来を見据えて，今何を体験させ，何を伝えることができるのかを考えて授業に反映させることができるのが家庭科の醍醐味である。

参考文献

河村美穂（2013）『家庭科における調理技能の教育 ── その位置づけと教育的意義』勁草書房.

（椎谷千秋）

Q 19 変化する社会における諸問題を教材として扱う際の留意点について述べなさい

1. 現代社会における諸問題

　個人・家族および地域社会の生活は，絶え間ない技術革新やグローバル化の進展により飛躍的に発展したが，その反面，少子高齢化，男女・世代間の協働，地域社会の再生，成人年齢引き下げに関わる消費者信用など多くの課題を抱えている。昨今の生活者が直面する課題は，広範囲に短期間で次々に出現しており，その要因は様々な専門分野や行政の施策にあるだけではなく複雑な背景をもっている。解決のためには多面的な視点で方策を講じる必要がある。家庭科はこのような現代社会の特徴を理解しつつ，生活者の視点で生きていくための様々な問いと向き合わせることが肝要である。教科目標にも家庭や地域及び社会における生活の中から問題を見いだし課題を設定することが挙げられていることから，これらの現代社会における諸問題が教材として扱われることが多い。現代社会におけるこれらの諸問題を家庭科教材として捉える際には，この度の学習指導要領の目標に新しく示された「見方・考え方」を踏まえることが大切である。「見方・考え方」とは，各教科等の本質的な意義の中核を成すものとして教科等の学習と社会をつなぐものである。家庭科は「生活の営みに係る見方・考え方」として示され，「家族や家庭，衣食住，消費や環境などに係る生活事象を，協力・協働，健康・快適・安全，生活文化の継承・創造，持続可能な社会の構築等の視点で捉え，よりよい生活を営むために工夫すること」であり，小・中・高等学校で共通である。生活の質を保障し高めていくために必要と考えられる情報を吟味して提供し，生徒に社会にどのように参画し行動することが生活の質につながるのか考えさせたい。10分の5以上を実験や体験で実践的に学ぶように配慮されていることも踏まえ，現代社会の諸問題を問題解決的な学習により解決していく学習方法を構築していくことが必要である。

2．家庭科教材として扱う際の留意点

　家庭科は変わりゆく社会に適応しつつ，豊かな人生を送るために男女共にワークライフ・バランスを保ちながら生涯学び続け，その時々の状況における最適解を，さまざまな人々と協働して生み出すために必要となる力を学ぶ教科である。したがって，学習の目標達成にアプローチする視点が複数あることを示し，協力・協働しつつ最適解を求めるなどの学習が効果的である。

　教師が題材を提示する際には，報道やインターネット等の単一の情報を提示したり，教師の価値の押しつけとならないように留意したりする必要がある。一次資料にもあたると，報道の真偽や個々の価値観の違いを追究する過程そのものが教材開発の機会となり得ることもある。疑似体験活動などを実施する場合は，一人ひとりの行動が社会で生じている課題とつながっていることを理解させることが大切である。さらに，生徒の日常生活を題材にする場合，生徒によっては自分自身の家族や生活状況を授業等で公にすることがプライバシーの侵害となるケースもある。このような場合は，モデル事例の提示による場の設定や，高校生であれば将来のライフプランについてイメージさせ授業実践するなどが有効である。

　保育実習や介護実習などは，家庭や地域などで実践的な活動を行うことができるよう，日頃から家庭や地域の人々に適切に情報発信し，理解や協力を得て，実践することが可能な環境を作っておくことが効果的である。このような学外等での学びを準備する際には，校内での周知はもちろんのこと，事前に配慮すべきことや保険等について受け入れ先等と詳細に打ち合わせを行い，連携事項を踏まえて生徒に事前に適切な指導することが必要である。具体的には生徒の体調管理の徹底，園児や高齢者のプライバシーの厳守，園児や高齢者のペースに合わせること，周囲をよく観察させること，実習時の礼節や服装等を実習の心構えとして事前に指導する必要がある。地域交流が困難な場合には，ICTを用いたり，高度な知識や技術を知る機会となる外部講師の活用等を推進したりするなども良い。

（中村誉子）

Q 20 中・高の家庭科を指導するための教師としての資質や能力は何かについて述べなさい

1. 家庭科教師としての資質・能力

　教師には「何のために学ぶのか」という各教科等を学ぶ意義を共有しながら，授業の創意工夫を行うことが求められている。家庭科の目標及び内容も「知識及び技能」，「思考力，判断力，表現力」，「学びに向かう力，人間性等」の3つの柱で再整理され，育成を目指す資質・能力を明確化した。

　また，「主体的・対話的で深い学び」の実現に向けた授業改善を推進することが求められている。そのため家庭科教師には，これまでと同様に実践的・体験的な学習活動や問題解決的な学習活動などを続けて重視するとともに，その学びの質を向上させることが求められている。さらに，題材の内容や時間のまとまりの中で，学習を見通し振り返る場面をどこに設定するか，協働的な学習場面をどこに設定するか，生徒が考える場面と教師が教える場面をどのように組み立てるか，短期的，長期的に構想することも大切である。

　深い学びを実現するためには，家庭科独自の見方・考え方「生活の営みに係る見方・考え方」を教師自身が追究し，家族や家庭，衣食住，消費や環境などに係る生活事象を，協力・協働，健康・快適・安全，生活文化の継承・創造，持続可能な社会の構築等の視点で題材や授業目標を精選，検討，構想することが求められる。それによって，生徒がこれらの見方・考え方を自在に働かせ鍛えられるような学習環境をつくることが可能になり，よりよい生活を営むための工夫につながる。家庭科教師に求められる教科専門に係る能力は，栄養学等の個別の学問に通じていることばかりではなく，生活の質を吟味し保障するためにどのような専門的な情報が必要かを判断し収集できる能力であり，その発揮が期待されている。

　なお，他教科と同様に，教科等の横断的な学習の充実や他校種，家庭及び地域社会との連携を考慮しつつ，カリキュラム・マネジメント（教育課程に

基づき組織的かつ計画的に各学校の教育活動の質向上を図っていくこと）が
できる資質・能力は，変化の激しい社会の中で主体的に生活を創造していく
生活者を育てる家庭科教師として，必要不可欠である。

２．家庭科の独自性の理解

　家庭科では，生活の課題を見出し，生徒が自分や家族にとっての最適な解
決策を追究する過程を体験させることが教科独自の役割である。そのために
は，家庭科教師は，題材としてのまとまりを捉えるだけではなく，題材相互
の関係を意識し，学びの文脈をつくることが効果的である。問題解決的な学
習もそのような長期的なプロセスの中に位置付けたい。中学校の「課題と実
践」や高等学校の「ホームプロジェクト」の学習も，そのような学びの文脈
の中でこそ効果的に展開されるであろう。

　家庭科の教科内容は，家庭生活や生活に関わる全ての事柄を含み，その背
景学問は，人文，社会，自然分野とそれらの複合領域の多岐にわたる。さら
に，家庭科は生活に関わる知識や技能を個別に習得するにとどまらず，それ
らの関係性を理解し，生活を創造する意欲と自立した生活者としての実践的
な態度を育成する教科である。上述の教科の見方・考え方にも，他教科には
ない家庭科の独自性がみえる。このような「生活の多面的理解」及び「生活
者育成」という目標に照らして，今後の家庭科の教師教育では広範な教科内
容の構造化と多様な方法論的アプローチを学ぶことが課題となる。

　家庭科は全教育課程の中でどのような資質・能力を担うのか，各家庭科教
師が考え続けることが重要である。また，変化の激しい社会の中で，目の前
の子どもたちの現実を彼らの周辺環境もあわせて捉え，どのような問いや教
材と出会わせることに価値があるのか，教師の教材研究の視点を柔軟にする
ことも必要である。さらに生活全体を学習対象とする家庭科では，個別の事
実的知識を網羅的に理解させるのではなく，それらの精選と優先順位への教
師の意図も求められる。

（鈴木明子）

第4章

技術科（中学校技術分野）

Q1 技術分野の目的・目標について述べなさい

1. 教科「技術・家庭」（技術）の目標

中学校学習指導要領（平成29年告示）において，「技術・家庭」として1つの教科である。その教科の目標を達成するために2つの異なるアプローチから生活を見つめることを教科の目標にはじめて明示した。教科「技術・家庭」の目標の中には，家庭分野の見方・考え方と技術分野の見方・考え方を並列に表記し，それぞれ固有の見方・考え方があることを示した。

（1）教科「技術・家庭」（技術）の目標とは

教科目標に示された技術分野の目標は，「技術の見方・考え方を働かせ，生活や技術に関する実践的・体験的な活動を通して，よりよい生活の実現や持続可能な社会の構築に向けて，生活を工夫し創造する資質・能力を育成する」ことである。

そして，教科として最終的な目標は，よりよい生活や持続可能な社会の構築に向けた「生活を工夫し創造する資質・能力の育成」である。その「資質・能力」は次のとおりである。

① 生活と技術についての基礎的な理解を図るとともに，それらに係る技能を身に付けるようにする。

②生活や社会の中から問題を見いだして課題を設定し，解決策を構想し，実践を評価・改善し，表現するなど，課題を解決する力を養う。

③ よりよい生活の実現や持続可能な社会の構築に向けて，生活を工夫し創造しようとする実践的な態度を養う。

（2）教科における技術分野の意図していること

教科における技術分野の意図していることは次の通りである。

① 生活や社会におけるできごとを，技術との関わりの視点で把握し，社会からの要求条件と，安全性，環境負荷や経済性などの制約条件に着目して技術を最適化する考え方を活用すること。

② 生活や技術に関する「製品の製作，コンテンツの制作，農林水産物の育成，農林水産物の調理等の実習」や「問題の発見，課題の解決（実現）のための観察・実験，見学，調査・研究などの活動」を経験しながら学ぶこと。

③ よりよい生活や持続可能な社会の構築に向けて，現在認知されている事実的な生活と技術についての知識の習得と，社会における様々な場面で活用できる技術に関する概念（例えば，「切る」「削る」「磨く」とは何かなど），その理解を図るとともに，それらに係る技能を身に付けること。

④ 生活する上で直面する様々な問題の解決に向けて，世の中で認知されている知識及び技能を活用して解決方法を考えたり，自分なりの新しい方法を創造したりするなど，学んだことを実際の人間生活の中で生かすことができる力を養うこと。

⑤ 安心，安全で豊かな生活や，環境保全と利便性が両立した持続可能な社会の構築に向けて，将来にわたり人間生活を工夫したり創造したりしようとする実践的な態度を養うこと。

　なお，豊かな生活とは，経済面だけでなく，環境に配慮した循環型でおだやかな衣食住生活を送り，文化の創造やボランティアなどの社会活動へ参加することである。

2．技術分野の目標

　教科「技術・家庭」には，1998（平成10）年の学習指導要領改訂より，技術分野と家庭分野それぞれに目標が示されている。中学校学習指導要領（平成29年告示）によると，技術分野の目標は，「技術の見方・考え方を働かせ，ものづくりなどの技術に関する実践的・体験的な活動を通して，技術によってよりよい生活や持続可能な社会を構築する資質・能力を育成する」ことである。

（1）「技術の見方・考え方を働かせ」とは
　技術は単なる自然科学の応用ではなく，多様な側面から要求条件と制約条件を明確にすることによって，開発や使用が認められることを前提とすれば，生活や社会におけるできごとを，技術との関わりの視点で把握し，社会

からの要求条件と，安全性，環境負荷や経済性などの制約条件に着目して技術を最適化することである。

換言すると，社会に新しい価値を創造したり，既存の製品やサービスに高付加価値をもたらしたりする技術的な要求条件と，安全性や使いやすさに配慮した製品などの開発，その開発や使用時の自然生態系への影響，および開発や使用にかかる費用などの制約条件との折り合いを付け，最適な解決策（実現策）を考えることである。

（2）「ものづくりなどの技術に関する実践的・体験的な活動」とは

社会の問題を解決する過程にたとえると，問題を発見し，原因を探り，課題として提示し，その解決（実現）に向けて，既存の科学的な知識等を根拠として具体的な解決（実現）策として設計したり，計画したりして，身体的な技能等を用いて製品の製作，コンテンツの制作や，農林水産物の育成を行う一連の過程のことである。

なお，実践的・体験的な活動では，平成29年告示の学習指導要領から育成を目指す資質・能力（何ができるようになるか）の「知識及び技能」「思考力，判断力，表現力等」「学びに向かう力，人間力等」を育成することが求められる。そして，技術分野の特徴である「知的財産を創造，保護及び活用しようとする態度」「技術に関わる倫理観」「他者と協働して粘り強く物事を前に進める態度」，並びに「勤労観や職業観」などを育むことが求められる。

（3）「技術分野の最終的な目標」とは

技術によってよりよい生活や持続可能な社会を構築する「資質・能力の育成」のことである。その「資質・能力」は次のとおりである。

① インダストリー 4.0，ソサエティ 5.0の時代に求められる生活や産業も含めた社会において利用されている技術について理解を図り，それらを安全・適切に利活用できる技能である。

それらは，社会において共通に必要となる基礎的な仕組みとそれに関係する科学的な原理・法則等の理解を通して行う。その仕組みとは，機械，電気，電気通信などの物理的技術，プラスチックや電池などの化学的技術，生物遺伝資源保護，水産資源保護などの生物的技術である。

　また，それらの技術を生活や社会，環境との関わりから評価し，技術の適切な選択と管理・運用の在り方や，新たな発想に基づく改良や応用についての概念を理解する力である。

② 身近な生活から産業用も含めた社会の中から技術に関わる問題を見いだして課題を設定し，解決（実現）策を構想するとともに，アイデアを他者に伝えることができるように製作図や回路図，計画表等に表現し，具体的な修正点の早期発見が行えるよう試作等を行い，試作等から製作図や計画，課題を解決（実現）する過程を評価し，改善を通して，課題を解決（実現）する力である。

③ 環境への負荷や安全性などの多様な側面から，「作る」「使う」「廃棄する」など，それぞれの場面において万が一のトラブルなどを想定し，使い手だけでなく，作り手の立場を意識して安全で豊かな人間生活と持続可能な社会を構築するために，自分自身の技術への関わり方が，技術の発展と将来の社会の在り方に影響する可能性があることを理解し，真摯に技術と向き合い，倫理意識を身に付け，自らを律して技術を工夫し創造しようとする態度である。

参考文献

文部科学省（2018）『中学校学習指導要領（平成29年告示）解説　技術・家庭編』開隆堂出版.

（竹野英敏）

Q2 技術分野の内容構成について述べなさい

1. 技術分野の内容

『中学校学習指導要領（平成29年告示）解説　技術・家庭編』（以下，解説）において，技術分野の内容は，「A　材料と加工の技術」，「B　生物育成の技術」，「C　エネルギー変換の技術」，「D　情報の技術」に整理され，構成されている。各内容は，「生活や社会を支える技術」，「技術による問題の解決」，「社会の発展と技術」の3つの要素に基づいて項目が設定されている。

「生活や社会を支える技術」は，解説に基づくと「技術に関する科学的な原理・法則と，技術の基礎的な仕組みを理解させるとともに，これらを踏まえて，技術が生活や社会における問題を解決するために，社会からの要求，安全性，環境負荷や経済性などの視点の長所・短所の折り合いを付けて生み出されてきているといった技術の見方・考え方に気付かせる」内容となっている。

「技術による問題の解決」は，「技術の見方・考え方を働かせ，生活や社会における技術に関わる問題を解決することで，理解の深化や技能の習熟を図るとともに，技術によって課題を解決する力や自分なりの新しい考え方や捉え方によって解決策を構想しようとする態度などを育成する」内容となっている。

「社会の発展と技術」は，「技術についての概念の理解を深めるとともに，よりよい生活や持続可能な社会の構築に向けて，技術を評価し，適切に選択，管理・運用したり，新たな発想に基づいて改良，応用したりする力と，社会の発展に向けて技術を工夫し創造しようとする態度を育成する」内容となっている。

2. 各内容の具体的構成

学習指導要領に基づき各内容の具体的構成を，①習得すべき知識，②習得

すべき技能，③問題解決における設計・計画に視点を当て，以下に述べる。

「A　材料と加工の技術」は，①材料や加工の特性等の原理・法則と，材料の製造・加工方法等の基礎的な技術の仕組みについての理解，②製作に必要な図をかき，安全・適切な製作や検査・点検等の技能の習得，③材料の選択や成形の方法等を構想して設計を具体化することで，内容構成されている。

「B　生物育成の技術」は，①育成する生物の成長，生態の特性等の原理法則と，育成環境の調節方法等の基礎的な技術の仕組みについての理解，②安全・適切な栽培又は飼育，検査等の技能の習得，③育成環境の調整方法を構想して育成計画を立てることで，内容構成されている。

「C　エネルギー変換の技術」は，電気，運動，熱の特性等の原理・法則と，エネルギーの変換や伝達等に関わる基礎的な技術の仕組み及び保守点検の必要性についての理解，②安全・適切な製作，実装，点検及び調整等の技能の習得，③電気回路又は力学的な機構等を構想して設計を具体化することで，内容構成されている。

「D　情報の技術」は，①情報の表現，記録，計算，通信の特性等の原理・法則と，情報のデジタル化や処理の自動化，システム化，情報セキュリティ等に関わる基礎的な技術の仕組み及び情報モラルの必要性についての理解，情報通信ネットワークの構成と，情報を利用するための基礎的な仕組みの理解，計測・制御システムの仕組みの理解，②安全・適切なプログラムの制作，動作の確認及びデバッグ等の技能の習得，③使用するメディアを複合する方法とその効果的な利用方法等を構想して情報処理の手順を具体化すること，入出力されるデータの流れを元に計測・制御システムを構想して情報処理の手順を具体化することで，内容構成されている。

参考文献

文部科学省（2018）『中学校学習指導要領（平成29年告示）解説　技術・家庭編』開隆堂出版.

（道法浩孝）

Q3 技術分野の知識・技能の指導法について述べなさい

1．技術分野で指導する知識・技能

　『中学校学習指導要領（平成29年告示）解説　技術・家庭編』（以下解説）には，中学校技術・家庭科技術分野（以下技術分野）の目標の一部として，「(1) 生活や社会で利用されている材料，加工，生物育成，エネルギー変換及び情報の技術についての基礎的な理解を図るとともに，それらに係る技能を身に付け，技術と生活や社会，環境との関わりについて理解を深める。」と記載されている。ここから，技術分野で扱う知識・技能は，①各学習内容についての基礎的な知識，②各学習内容に係る技能，③技術と生活や社会，環境との関わりについての知識とわかる。これら知識・技能の指導場面は，解説に示された各学習内容の要素に対応しており，①は「生活や社会を支える技術」で，②は「技術による問題解決」，③は「社会の発展と技術」にて中心的に扱う。

2．技術分野における知識・技能の指導

(1) 生活や社会を支える技術での指導

　ここでは，生活や社会を支える技術について調べる活動などを通して，各内容の科学的な原理・法則と基礎的な技術の仕組みを知識として習得させる。調べる活動などを通してとあるように，授業者からの一方的な教授ではなく，生徒の主体的な学習となるように留意すべきである。具体的な指導方法としては，書籍やインターネットを活用した技術の調査や，既製品の観察や分解等から，技術の開発者が設計に込めた意図を読み取る活動などがある。ここで生徒が得た知識は，既習の知識や生活経験の中で得た知識と結び付けたり，学習後の生活で活用できる機会を示したりすることで概念化が促され，以降の学習において一層の活用が期待できるようになる。

（2）技術による問題解決での指導

　生徒は，技術による問題解決の過程において，知識や技能を活用して試行錯誤を繰り返す粘り強い学習が求められる。ここでの多様な学習を保障するためには，授業者が想定する問題解決に必要な技能のみを指導するではなく，各内容で扱うべき技能を偏重することなく習得させることが望ましい。また，技能に関する指導では，様々な工具や機械の使用が前提となるため，事前に教室を整備し，安全な学習環境を構築しておく必要がある。さらに，実際の授業では，一斉指導の中で示範や映像資料等を用いた視覚的な支援を取り入れるなど，曖昧さがなく生徒任せにしない教員の責任ある安全指導と授業展開が求められる。

（3）社会の発展と技術での指導

　ここは，各学習内容の学習におけるまとめに当たり，単なる知識の習得ではなく，生活や社会，環境との関わりを踏まえてこれまで学習してきた知識・技能を技術の概念として理解させる指導を行う。学習活動として，技術には光と影があることや技術と社会や環境とは相互に影響し合う関係にあることを踏まえ，技術とは人間の願いを実現するために，様々な制約や想定のもと，社会的・環境的・経済的な折り合いを付け，問題解決のプロセスを経て最適化された成果であることを理解させる展開が考えられる。知識及び技能が概念化されることで，より汎用性のある力として活かされることが期待できる。

参考文献

文部科学省（2018）『中学校学習指導要領（平成29年告示）解説　技術・家庭編』開隆堂出版.

竹野英敏編著（2018）「新学習指導要領の目指すもの」『授業例で読み解く新学習指導要領』開隆堂出版.

（堤　健人）

Q4 技術分野における思考力・判断力・表現力等の指導法を述べなさい

1. 技術分野で育成を目指す思考力・判断力・表現力等

『中学校学習指導要領（平成29年告示）解説　技術・家庭編』（以下，解説）において，技術分野における思考力・判断力・表現力等は「(2) 生活や社会の中から技術に関わる問題を見いだして課題を設定し，解決策を構想し，製作図等に表現し，試作を通じて具体化し，実践を評価・改善するなど，課題を解決する力を養う。」と示されている。

2. 思考力・判断力・表現力等の育成

技術分野において思考力・判断力・表現力等を育成するためには，以下に示す3つの学習活動が題材の指導計画に含まれる必要がある。

(1) 問題解決の工夫を読み取る学習活動

問題解決の工夫を読み取る学習活動は，題材における指導計画の序盤に設定する。具体的な学習活動としては，生徒に技術的な製品やシステムを観察させたり調べさせたりする。学習活動の流れは，次の①②③が考えられる。

① 製品やシステムを観察したり調べたりして，誰のために，どんな問題を解決したのかを明らかにさせる。

② 解決した問題について，どんな技術を利用して，どのように解決を図ったかを明らかにさせる。

③ 技術を利用した問題の解決についてわかったことをまとめる。

①②③で提示する教材の例として解説には，建築技術，有機肥料と化成肥料，発電システム，気象情報サイトの情報提供サービス等が示されている。

(2) 問題を見いだして課題を設定し解決する学習活動

問題を見いだして課題を設定し解決する学習活動は，題材における指導計画の中盤に設定する。指導計画の中でも多くの時間を割り当てて継続的に学

習を進めていく。学習活動の流れは，次の①から④が考えられる。

① 生活や社会の中から，問題を見出して課題を設定し，解決策を考え製作
　図等に表現する。

② 考えた解決策について試作等を通じて具体化し友人に評価してもらう。
　友人の評価をもとに解決策を修正する。

③ 修正した解決策をもとに製作・制作・育成をする。

④ 製作・制作・育成が終わったら解決の過程を評価し，次の製作に役立てる。

（3）次の問題解決への視点を養う学習活動

　次の問題解決への視点を養う学習活動は，題材における指導計画の終盤に
設定する。具体的な学習活動としては，よりよい生活や持続可能な社会の構
築を目指して技術を評価し，適切に選択，管理，運用したり，新たな発想に
基づいて改良，応用させたりする。指導計画の中では，数時間を割り当てて
学習を進めていく。学習活動の流れは，次の①②③が考えられる。

① 製品やシステムを取り上げ，よりよい生活や持続可能な社会の構築の視
　点から問題点を調べさせる。

② 問題を解決する方法として，学習した技術を選択して解決したり，管理
　や運用の方法について改善策を検討させたりする。

③ 製品やシステムを新たな発想で改良したり，他の技術を応用したりして
　考えた解決の結果を提案させる。

参考文献

川路智治・谷田親彦・森山潤・上野耕史（2020）「技術科における『技術ガバ
　　ナンスレビュー学習』の授業開発と実践評価」『科学教育研究』
　　44（1），pp.3-13.

文部科学省（2018）『中学校学習指導要領（平成29年告示）解説　技術・
　　家庭編』開隆堂出版.

（川路智治）

Q5 技術分野の学習評価について述べなさい

1. 技術分野における学習評価の進め方

(1) 技術分野の学習評価

学習評価は，学校の教育活動における児童生徒の学習を評価するものである。適切な学習評価は，教師が児童生徒の学習の成果を把握して指導の改善を図ることや，児童生徒が学習を振り返り次の学習に取り組む意欲や態度などを促進する。

平成29年告示中学校学習指導要領では，各教科の目標・内容が資質・能力の3つの柱に基づいて整理されたことを踏まえ，観点別学習状況の評価の観点には「知識・技能」，「思考・判断・表現」，「主体的に学習に取り組む態度」が設定された。中学校技術・家庭科技術分野（以下技術分野）において，これらの観点に基づく観点別学習状況の評価は，技術分野の目標・内容に関する学習状況を分析的に評価する指標となる。そのため技術分野の学習評価では，中学校学習指導要領（平成29年告示）解説技術・家庭編（以下解説）の資質・能力系統表に整理された技術分野の資質・能力の育成状況を評価する機能を有している。一方，評定は，観点別学習状況の評価を踏まえて作成され，他教科等も含めて行われる教育課程全体の中での技術・家庭科の目標の実現状況を総括的に示すものとなる。

(2) 学習評価の進め方

技術分野では，学習指導要領の各項目に示される指導内容を指導単位にまとめて組織した題材の学習を通して，目標・内容に関する資質・能力の育成を目指している。そのため，指導する内容に関係する地域や学校の実態，生徒の興味・関心や学習経験を踏まえて題材を設定した後，以下の①〜④の手順により観点別学習状況の評価を行う。

① 題材の目標を作成する：学習指導要領に示された技術分野の目標並びに題材で指導する指導事項を整理・統合した上で，授業時数や履修学年を踏ま

えて題材の目標を設定する。

② 題材の評価規準を作成する：技術分野の評価の観点の趣旨を基に，題材で
　 指導する項目に関係する「内容のまとまりごとの評価規準（例）」の要素
　 を加えるなどして題材の評価規準を設定する。

③ 指導と評価の計画を作成する：各授業での評価場面や評価方法等を計画
　 し，評価規準を作成する。

④ 授業を行い観点別に総括する：観点別学習状況の評価を行い，児童生徒の
　 学習改善や教師の指導改善につなげる資料とする。また，評価結果などか
　 ら，観点ごとの総括的評価を行う。

２．題材の評価規準

題材の評価規準作成のために参照する評価の観点の趣旨を以下に示す。

① 知識・技能：生活や社会で利用されている技術について理解しているとと
　 もに，それらに係る技能を身に付け，技術と生活や社会，環境との関わり
　 について理解している。

② 思考・判断・表現：生活や社会の中から技術に関わる問題を見いだして課題
　 を設定し，解決策を構想し，実践を評価・改善し，表現するなどして課題
　 を解決する力を身に付けている。

③ 主体的に学習に取り組む態度：よりよい生活の実現や持続可能な社会の構
　 築に向けて，課題の解決に主体的に取り組んだり，振り返って改善したり
　 して，技術を工夫し創造しようとしている。

この評価の観点の趣旨に，「エネルギー変換の技術」で指導する項目に関
係する「内容のまとまりごとの評価規準（例）」を加えて題材の評価規準を
設定すると，以下のように例示できる。㋐㋑㋒は，題材の特性や履修学年等
を踏まえて記述する箇所である。

① 知識・技能：生活や社会で利用されているエネルギー変換の技術について
　 の科学的な原理・法則や基礎的な技術の仕組み及び，エネルギー変換の技
　 術と㋐な㋑との関わりについて理解しているとともに，安全・適切な製作・
　 実装・点検及び調整等ができる技能を身に付けている。

② 思考・判断・表現：⑦の中からエネルギー変換の技術と⑦に関わる問題を見いだして課題を設定し，解決策を構想し，実践を評価・改善し，表現するなどして，課題を解決する力を身に付けているとともに，⑦な⑦の実現を目指してエネルギー変換の技術を評価し，⑦する力を身に付けている。

③ 主体的に学習に取り組む態度：⑦な⑦の実現に向けて，課題の解決に主体的に取り組んだり，振り返って改善したりして，エネルギー変換の技術を工夫し創造しようとしている。

⑦の箇所では，題材の特性に応じて安全，環境，効率，経済性，持続可能な社会などが記述される。例えば，題材が省エネルギーに関係していれば環境などが該当する。⑦の箇所では，題材における「技術による問題の解決」の学習過程で問題を見いだす範囲が記述される。例えば，生徒個人の身近な範囲であれば生活，地域や公共の場などを範囲とすれば社会などの記述が当てはまる。⑦の箇所では，主に「適切な選択と管理・運用の在り方や，新たな発想に基づく改良と応用」の中から取捨選択して記述される。いくつかの選択肢から解決策を構想するのであれば「適切な選択と管理・運用」，制約条件の下で新たな解決策を考えるのであれば「新たな発想に基づく改良と応用」に関する記述が該当する。これらは，題材の特性や地域や学校の実態を踏まえ，履修学年が上がるにつれて高度なものとすることで，系統的・発展的な資質・能力の育成を目指すことが望まれる。

3．学習活動に即した評価規準の具体化

題材の評価規準を，指導計画における各授業の学習活動に即して具体化するには，解説に示される資質・能力系統表が参考になる。また，指導計画における各授業では，目標を達成した生徒の姿を見取るための評価方法を各評価観点の特徴に応じて検討することが必要である。

各授業には目標があり，その目標に照らして学習活動に即した評価規準が設定される。各授業で設定された評価規準に照らして，生徒が「おおむね満足できる」状況（B）に達しているかを判断し，評価の結果を指導に活用する。例えば，「おおむね満足できる」状況（B）に達しておらず，「努力を要

する」状況（C）と判断される生徒に対して，どのような指導を行うかについては，学習活動の状況に応じて手立てを検討しておく必要がある。また，授業の目標に対して深く到達している「十分満足できる」状況（A）の生徒の姿を想定しておくことも必要である。

　学習活動に即して具体化された評価規準は，指導計画における各授業で設定される必要がある。しかし，1授業時間で「知識・技能」，「思考・判断・表現」，「主体的に学習に取り組む態度」の観点に関する評価規準を網羅する必要はない。また，評価するために数時間の授業が必要な観点もある。例えば，「主体的に学習に取り組む態度」は，「生活や社会を支える技術」から「技術による問題の解決」「社会の発展と技術」へと至る学習を経て，技術を工夫・創造する実践的な態度へと高まっていくことが予想される。そのため，各学習過程の終盤でそれまでの学習で集積した資料に基づき，自らの学習を調整し意欲的に学習を進めることができたかも含めて確認するなど，適切な場面で評価を行うようにする。

参考文献

川路智治・谷田親彦・森山潤・上野耕史（2020）「技術科における『技術ガバナンスレビュー学習』の授業開発と実践評価」『科学教育研究』44（1），pp.3-13.

国立教育政策研究所教育課程研究センター（2020）『「指導と評価の一体化」のための学習評価に関する参考資料　中学校技術・家庭』.

（谷田親彦）

Q6 技術分野に固有な「見方・考え方」について述べなさい

1.「技術の見方・考え方」

　『中学校学習指導要領（平成29年告示）解説　技術・家庭編』（以下解説）において，「技術の見方・考え方」は「生活や社会における事象を，技術との関わりの視点で捉え，社会からの要求，安全性，環境負荷や経済性等に着目して技術を最適化すること。」と示されている。

　解説には，技術・家庭科技術分野（以下技術科）の各内容で「技術の見方・考え方」が記述されている。以下に各内容の「見方・考え方」を示す。

① 「材料と加工の技術」……生活や社会における事象を，材料と加工の技術との関わりの視点で捉え，社会からの要求，生産から使用・廃棄までの安全性，耐久性，機能性，生産効率，環境への負荷，資源の有限性，経済性などに着目し，材料の組織，成分，特性や，組み合わせる材料の構造，加工の特性等にも配慮し，材料の製造方法や，必要な形状・寸法への成形方法等を最適化すること。

② 「生物育成の技術」……生活や社会における事象を，生物育成の技術との関わりの視点で捉え，社会からの要求，作物等を育成・消費する際の安全性，生産の仕組み，品質・収量等の効率，環境への負荷，経済性，生命倫理などに着目し，育成する生物の成長，働き，生態の特性等にも配慮し，育成環境の調節方法等を最適化すること。

③ 「エネルギー変換の技術」……生活や社会における事象を，エネルギー変換の技術との関わりの視点で捉え，社会からの要求，生産から使用・廃棄までの安全性，出力，変換の効率，環境への負荷や省エネルギー，経済性などに着目し，電気，運動，熱及び流体の特性等にも配慮し，エネルギーを変換，伝達する方法等を最適化すること。

④ 「情報の技術」……生活や社会における事象を，情報の技術との関わりの視点で捉え，社会からの要求，使用時の安全性，システム，経済性，情報

の倫理やセキュリティ等に着目し，情報の表現，記録，計算，通信の特性
等にも配慮し，情報のデジタル化や処理の自動化，システム化による処理
の方法等を最適化すること。

2.「科学的な原理・法則」と「技術のしくみ」

（1）「技術の見方・考え方」の構成

　技術科の各内容における「技術の見方・考え方」は同様の構成で記述されて
いる。すなわち，それぞれの内容に関する技術と生活や社会における「事象
の関り」を捉え，「技術の利用に関する検討事項」や「科学的な原理・原則」
に着目・配慮して，「技術の仕組み」を最適化すること，の構成である。これ
らのことから，いずれの内容の技術を学習する場合でも，「技術の見方・考え
方」の構成は同様であり，技術を学習するための本質的な視点や考え方であ
ると考えることができる。

　各内容の項目（1）の指導事項アには，「科学的な原理・法則」と「技術の仕
組み」の具体が記述されている。それぞれの内容の解説の記述を，「科学的な
原理・法則」と「技術の仕組み」に分類して以下に示す。

（2）各内容の「科学的な原理・法則」

①「材料と加工の技術」……材料の組織や成分，圧縮，引張，曲げ等に対す
　る力学的な性質といった材料の特性や，組み合わせる部材の厚さ，幅，断
　面形状と，四角形や三角形，面等の組み合わせる部材の構造，切削，切
　断，塑性加工，加熱といった加工の特性等の材料や加工についての原理・
　法則

②「生物育成の技術」……生物が成長する仕組み，生物の分類・育種，及び
　生理・生態の特性等の生物育成についての原理・法則

③「エネルギー変換の技術」……エネルギーの変換，効率及び損失の意味，
　電気に関わる物性，電気回路及び電磁気の特性，機械に関わる運動，熱及
　び流体の特性等のエネルギー変換についての原理・法則

④「情報の技術」……コンピュータでは全ての情報を「0」か「1」のように
　二値化して表現していることや，単純な処理を組み合わせて目的とする機

能を実現していること，2進数や16進数等による計算及び記憶装置等への記録，IPアドレス等の通信の特性等の情報についての原理・法則

（3）各内容の「技術のしくみ」

① 「材料と加工の技術」……材料の組織を改良する方法や，断面形状や部材の構造を含めた材料を成形する方法，切断や切削等の加工の方法，表面処理の方法等の基礎的な材料と加工の技術の仕組み

② 「生物育成の技術」……光，土壌や培地，気温や水温，湿度，肥料や養液，衛生といった育成環境を調節する方法などの，作物，動物及び水産生物の育成に共通する基礎的な生物育成の技術の仕組み

③ 「エネルギー変換の技術」……自然界にあるエネルギー源から電気エネルギーや力学的エネルギーへの変換方法，電気エネルギーの供給と光，熱，動力，信号等への変換方法，力学的エネルギーの多様な運動の形態への変換と伝達方法等の基礎的なエネルギー変換の技術の仕組み

⑤ 「情報の技術」……センサなどの入力装置から，アクチュエータ等の出力装置までの信号の伝達経路や変換の方法，プログラムによる処理の自動化の方法，コンピュータが目的を達成するために，構成する要素や装置を結合して機能させるシステム化の方法等の，基礎的な情報の技術の仕組み

参考文献

文部科学省（2018）『中学校学習指導要領（平成29年告示）解説　技術・家庭編』開隆堂出版.

竹野英敏（2017）「新学習指導要領の目指すもの」竹野英敏編著『授業例で読み解く新学習指導要領』開隆堂出版.

（谷田親彦）

Ｑ７　技術分野の学習指導計画（指導案の書き方）について述べなさい

１．学習指導計画とは何か

　学習指導計画（以下，指導案）は，授業の学習目標を生徒に達成させるために，あらかじめ授業者が指導方法等を検討・計画したものである。指導案は授業者本人と参観者の両者が参照することが多い。そのため，読み手に授業内容や学習活動に対する教師の意図が伝わるように記述する。

２．指導案の様式と項目

　指導案の様式は各市町村や各学校によって異なる。そのため，勤務地や勤務校の様式に沿って指導案を作成する必要がある。一般的に指導案に記載されている項目は①教科名・授業者名，②日時・学年・組，③題材名，④題材の目標，⑤題材について（題材観・生徒観・指導計画及び評価計画等）⑥本時について（本時の目標・本時の評価規準及び評価方法・準備物・学習の展開・板書計画等）である。①②③については実際のところをそのまま記述すればよい。④⑤⑥については検討を重ねる必要がある。以下には④⑤⑥について記述する内容を示す。

（１）④題材の目標の記述

　題材の目標は，題材の学習を通して生徒に育成を目指す資質・能力を内容のまとまりごとの評価規準で記述する。そのため，評価の観点である『知識・技能』『思考・判断・表現』『主体的に学習に取り組む態度』の３つの観点について記述する。

（２）⑤題材についての記述

　題材については，「題材観」，「生徒観」，「指導計画及び評価計画」等を記述する。「題材観」では，題材が生徒に育成を目指す資質・能力を養うのに適した題材であることを説明する。「生徒観」には，題材を学ぶ生徒の実態を

調査した結果と生徒の実態を受けて何に重点を置いて指導するかを記述する。「指導計画及び評価計画」は，年間指導計画に記載した指導計画と評価計画を転記する。

（3）⑥本時についての記述

　本時については，「本時の目標」，「本時の評価規準及び評価方法」，「準備物」「学習の展開」，「板書計画」等を記述する。「本時の目標」には，授業で生徒に育成を目指す資質・能力の内容を記述する。「本時の評価規準及び評価方法」には，年間指導計画に沿った評価規準と評価方法を記述する。「準備物」には，授業で使用する教材や教具の名称と個数を記述する。「学習の展開」は［学習内容・学習活動］，［指導・支援の留意点］，［評価・観点・方法］等を記述する。［学習内容・学習活動］では，学習内容と学習活動を生徒の立場で記述する。そのため文末を「〜を知る。」，「〜について考える。」などで記述する。［指導・支援の留意点］は，教師の発言や行動と生徒に行わせる学習活動の意図を記述する。そのため文末を「〜を知らせることで○○に意識を向けさせる。」，「〜を準備することで生徒が○○について理解しやすいようにする。」などで記述をする。［評価・観点・方法］には，評価規準と評価の観点，評価方法を記述する。［板書計画］では，黒板等に教師が記述する内容やPowerPointのスライドなどを記述する。

3．学習指導計画を書く手順

　指導案の作成には手順がある。この手順を間違えると1単位時間に達成したい学習目標を見失った指導案となることが多い。以下には指導案を書く手順と目的を示す。

（1）「内容・項目・事項」の確認

　指導案の作成では，まず授業の内容を決定する。授業の内容は，年間指導計画に沿って決定すればよい。授業の内容が決定したら，次に中学校学習指導要領（平成29年告示）解説技術・家庭（以下，解説）に記載されている「内容・項目・事項」の確認をする。ここでの「内容」とは解説に示されているABCDである。「項目」とはABCDに付随している（1）から（3）およ

びDの（4）のことである。「事項」とは（1）から（3）およびDの（4）に付随するアイのことである。解説には，「内容・項目・事項」に関わる指導についての例示がある。これらを参照して，指導案を作成する授業でどのような資質・能力の内容を育成するべきなのかを明らかにしておく。

（2）生徒の実態を知る

授業で生徒に育成すべき資質・能力の内容が明確になったら生徒の実態を調査する。調査は，授業で育成すべき資質・能力の内容について問う。生徒の実態を理解しておくことは，授業の中で重点的に指導すべき内容を焦点化することにつながる。

（3）評価規準と学習目標の確認・設定

重点的に指導すべき内容が焦点化されたら評価規準の確認をする。年間指導計画と共に立てられている評価規準を確認し，生徒に育成しようとしている資質・能力の内容にずれがないかを確認する。

評価規準と生徒に育成しようとしている資質・能力の内容が一致していたら評価規準をもとに学習目標の設定をする。この時に，評価規準と学習目標にずれが起きないように注意する必要がある。

（4）学習課題の設定

評価規準と学習目標が設定されたら，それらをもとに学習課題を設定する。この時に，学習課題と評価規準と学習目標にずれが起きないように注意する必要がある。次の①②③に評価規準，学習目標，学習課題の例を示す。
① （評価規準）歯車が運動を伝達する原理や法則について理解している。
② （学習目標）歯車が運動を伝達する原理や法則について理解する。
③ （学習課題）歯車が力や運動を伝える仕組みを明らかにしよう。

（5）学習活動の設定

学習課題が設定されたら，生徒が学習課題を解決するための学習活動を立案していく。学習活動の基本的な流れは「導入，展開，まとめ」の順である。「導入」は，生徒の思考を授業の内容に誘導していく役割がある。そのため，実際の授業では，教師が授業の内容に関する話をしたり教具を提示したりすることが多い。生徒の思考を技術的な思考に誘導する中で，学習に対

する興味や関心も引き出したい。「展開」では，学習目標を達成するために多様な学習活動が行われる。ここで設定される学習活動は，生徒が協同的な学びの中で学習課題を解決できるように計画したい。そのために，展開では一定の学習形態を維持するのではなく，学習形態を変化させていくことが協同的な学びにつながる。学習形態が変化する例としては，「一斉指導から個人の活動」，「個人の活動からグループの活動」，「個人の活動から全体の活動」，「グループの活動から全体の活動」とその逆の方向が考えられる。教師はこれらの学習形態の変化を組み合わせて，生徒が友人の多様な意見や考えを吸収しながら思考を広げ学習課題を解決していくように計画する。

参考文献

国立教育政策研究所編（2016）『国研ライブラリー　資質・能力［理論編］』東洋館出版社.

国立教育政策研究所教育課程研究センター（2020）『「指導と評価の一体化」のための学習評価に関する参考資料　中学校技術・家庭』.

文部科学省（2018）『中学校学習指導要領（平成29年告示）解説　技術・家庭編』開隆堂出版.

（川路智治）

Q8　材料と加工，エネルギー変換の技術の教材研究の視点を述べなさい

1．材料と加工の技術における教材研究の視点

　『中学校学習指導要領（平成29年告示）解説　技術・家庭編』（以下，解説）に基づいて材料と加工の技術における教材研究の視点を以下に示す。本内容（1）では，木材，金属，プラスチック等の材料を複合的に活用している製品・構造物等を基に，使用している材料の組織や成分，力学的な性質といった材料の特性，組み合わせる部材の構造，加工の特性等の科学的な原理・法則，及び材料組織の改良方法，材料の成形方法，加工方法，処理方法等の技術の仕組みについての抽出・分析を行い，調べる活動，実験，簡単な加工等を通して，生徒の理解を深めることができる授業展開を検討する必要がある。また教材として取り上げた製品に利用されている技術の社会における役割について思考・調査する活動を通して，最適化という技術の見方・考え方に気づかせる。

　本内容（2）では，（1）で身につけた知識及び見方・考え方を働かせて，材料と加工の技術に関する問題を生徒自らが発見し，課題を設定しその解決を図る学習が求められている。従来の製品の設計・製作のみでは不十分であり，生徒が設定した課題を解決可能な材料，及び設計段階における生徒の構想を洗練するための，模型材等を用いた試作が可能な製作題材の検討を通して，教材化を進めていく必要がある。

　本内容（3）では，（2）の問題解決における最適化のプロセスを振り返ることなどを通して理解を深めた技術の概念に基づいて，新しく開発された技術の優れている点や問題点について話し合う活動が設定可能であり，それを通して，どのように新しい技術を選択したり，管理・運用しているかについて考えたり，新しい発想に基づいて，技術をさらに改良したり，応用しようとする技術への興味・関心の高揚を図ることが可能な教材が求められる。

2. エネルギー変換の技術における教材研究の視点

　解説に基づくと，本内容（1）では，まず身の回りの家電製品等から，エネルギーの変換・伝達，運動の変換等の仕組みを典型的に含んでおり，学習者の効果的な理解が図れる製品を抽出・選択する。そして，調査活動，実験，簡単な製作実習等を通して，「エネルギーの変換，効率及び損失の意味，電気に関わる物性，電気回路及び電磁気の特性，機械に関わる運動，熱及び流体の特性等のエネルギー変換についての原理・法則と，自然界にあるエネルギー源から電気エネルギーや力学的エネルギーへの変換方法，電気エネルギーの供給と光，熱，動力，信号等への変換方法，力学的エネルギーの多様な運動の形態への変換と伝達方法等の基礎的なエネルギー変換の技術の仕組みと，それを支える共通部品や製品規格等の役割について」生徒の理解を深めることができる授業展開を検討する必要がある。

　本内容（2）では，電気回路及び力学的な機構の製作にあたり，適切な工具・機器の選択と，科学的な根拠を踏まえた技能の習得を図る学習展開を検討する必要がある。また技術による問題の解決学習では，設定した課題に基づく電気回路又は力学的な機構の構想を通した設計段階において，生徒のよりよい発想を生み出せるように，繰り返し試行錯誤ができる実験装置やシミュレーション及びＰＣ計測を単体もしくは複合的に活用し，試行・試作を通して，生徒の設計の洗練化を図っていくことが必要である。さらにトランジスタ等の半導体素子やモジュールを，電気回路の改良・応用に活用させる場合，生徒の主体的な活動を通して設計・製作学習が展開されるように，その働き，用途及び使用法等についての指導に対し，工夫・検討が必要である。

参考文献

文部科学省（2018）『中学校学習指導要領（平成29年告示）解説　技術・家庭編』開隆堂出版.

（道法浩孝）

‖ Q9　情報の技術の教材研究の視点について述べなさい

1．情報の技術の教材研究の視点

（1）情報の技術における教材研究のポイント

　情報の技術の教材研究は，技術分野の他の学習内容とは異なる3つのポイントがある。1つ目は，既習事項として小学校での学習を把握する際に，プログラミング教育の視点が加わることである。小学校には技術分野と直接的に接続する教科は存在しないが，プログラミング教育という一面においては系統的な指導が求められ，これを配慮して教材研究をするべきである。2つ目は，高等学校への接続である。教師は高等学校の情報科の内容を把握し，系統的で円滑な接続を指向した教材研究を行うことが望ましい。3つ目は，統合的な問題解決への対応である。現代社会で活用されている技術は，多くがシステム化されている。そのベースにあるのは，情報通信ネットワークや計測・制御システムに関する技術である。そのため，情報の技術の教材研究は，技術分野の他の学習内容との統合を念頭に入れて進めるとよい。

2．情報の技術の教材

（1）見方・考え方に気づかせる教材

　情報の技術に関する見方・考え方に気づかせるためには，生活や産業に用いられているサービスや家庭電化製品に搭載されたシステム等の技術の仕組みや開発の経緯などを調べるような学習活動が想定されている。教材として，情報提供サービスとして気象情報サイトや，コンビニエンスストアや銀行等の情報処理サービス，生徒にも身近になってきたオンラインショッピングがあげられる。また，近年急速に普及しているIoTやAIを搭載したデジタル家庭電化製品も上記の目的・活動を支援する教材と考えられる。

（2）技術による問題の解決の教材

　情報の技術については，2つの問題解決学習を行う。どちらも技術の見

方・考え方を働かせた問題解決を通して，技能と思考力・判断力・表現力を養うことが主な目的である。ネットワークを利用した双方向性のあるコンテンツのプログラミングの教材としては，Q＆A方式のクイズを組み込んだWebページや多機能なチャットサービスが考えられる。また，計測・制御のプログラミング教材としては，センサで測定した環境要因に基づく栽培ロボットのモデルや，高齢者などターゲットを絞った人々の生活をサポートするロボットのモデルが考えられる。これらロボットモデルは，生物育成やエネルギー変換の技術を統合的に扱う教材と捉えることができる。

（3）主体的に学習に取り組む態度を育む教材

主体的に学習に取り組む態度を育むためには，将来の技術の展望について討論させるような学習活動が想定されている。そのため，現時点において良悪の判断がつかない潜在的な可能性を有する新しい技術を教材として採用することが望ましい。例えば，人工知能の活用を教材として考えると，社会的・経済的な側面を踏まえ，新しい技術の優れた点や問題点を整理し，持続可能性や将来の展望について様々な立場から意見交流して思考を深め，それぞれの意思決定や提言をまとめさせるような授業展開が期待できる。

参考文献

石井英真（2013）「学力を育てる授業」田中耕治・井ノ口淳三編著『学力を育てる教育学（第2版）』八千代出版.

文部科学省（2018）『中学校学習指導要領（平成29年告示）解説　技術・家庭編』開隆堂出版.

竹野英敏（2018）「新学習指導要領の目指すもの」竹野英敏編著『授業例で読み解く新学習指導要領』開隆堂出版.

（堤　健人）

Q10 技術分野の教師としての資質や能力について述べなさい

　ここでは，学校教員として不易とされる教職の資質能力には触れず，技術分野の教師として最低限必要となる資質や能力についてのみ触れる。

　まず，教科に関する専門的知識と技能，次に，時代とともに変化する実践的指導力，最後に，教室マネジメント力を扱う。

1．教科「技術・家庭」（技術）に関する専門的知識

　1958（昭和33）年に技術・家庭科の教科が設置させられて以来，技術・家庭科の目標は，ほとんど変わっていないが，時代とともに加筆修正されているために，ねらいや内容の扱いに軽重がある。そして，2008（平成20）年改訂の学習指導要領以降は，示されているすべての内容を生徒に履修させる必要がある。現在は，「材料，加工，生物育成，エネルギー変換（電気と機械），情報」に関する内容の専門的知識が求められる。

（1）材料と加工の技術

　材料については多岐にわたるが，ここでは，製品に使用されている基礎的な木材，金属，プラスチックの性質と特徴は，理解し，なぜその材料が使用されているのか科学的な根拠に基づいた説明ができること。

　特に，材料や構造物に負荷が加わったときの変形などの機械的性質や腐食や腐敗などの化学的性質の説明ができること。

　そして，この教科には，生徒が材料を使って生活や社会の課題を解決する内容が多い。そのため，教師は，機械的・化学的性質の知識に加え，生徒が材料選択するためのアドバイスをする能力が求められる。例えば，材料の価格，入手方法，JIS規格などについて照会ができること。

　加工については，材料に対して共通な「測る」「けがく」「固定する」「切る」「あける」「曲げる」「熱処理（加熱）」「削る」「磨く」「つなぐ」「塗る」などの加工の特徴と仕組み，加工法の説明ができること。そして，測定工

具，加工工具，加工機械を適切に取り扱うことができること。

　製作に必要な図については，図面は，誰が見ても同じものができあがるようにしたり，作業を効率よくしたりするためのものである。そこでここでは，製品の形状・寸法，仕上げの程度や工程など，製作に必要な情報を書き出すことができること。

　図面を書くには，JIS規格に従って書く必要がある。なお，機械製図，電気製図など，それぞれの内容に特別なJIS規格があり，扱う内容に応じて知る必要がある。この教科で扱う「組立図」「部品図」などの図面の技法の説明ができること。JIS規格で言えば，JIS Z8114, Z8310 〜 8317の製図用語, 図面の様式，線の基本原則，文字，尺度，正投影法（第三角法），軸足投影（等角図），寸法及び公差に基づいて描くことができること。

（2）生物育成の技術

　生物育成については，作物，動物及び水産生物の育成に共通する基礎的な生物育成の技術の仕組みの知識と，育成する技能が求められる。原理・法則では「生物が成長する仕組み」「生物の分類・育種」「生理・生態の特性」などの説明ができること。そして，管理作業では「種まき，定植，収穫」「給餌，給水，糞尿処理」「採苗，給餌，放流」などができること。さらに，育成環境の調節方法では「光，土壌や培地，気温や水温，湿度，肥料や養液，衛生」「気温，採光，換気」「光，水温，水質」などの調節が適切にできること。

（3）エネルギー変換の技術

　エネルギー変換については，「エネルギー変換効率」「電気回路，電磁気」「機械・材料・流体・熱の力学」「エネルギー変換技術の仕組み」「共通部品の規格」の説明ができること。そして，機器の性能を維持するための「保守点検」ができること。

　電気回路又は力学的な機構等の設計製作については，電気回路と力学的な機構の「組立て・調整」を行う知識と技能が求められる。電気回路では「電子回路設計，電子機器組立て」など，力学的な機構では「点検，分解，組立，調整，故障診断」などに関わる方法や使用する工具を知り，作業ができること。

（4）情報の技術

情報については，「情報の表現，記録，計算，通信特性，情報のデジタル化，信号処理，プログラムによる処理の自動化，情報通信ネットワークシステム，計測制御システム，情報セキュリティに関する技術の仕組み，情報モラル」などの説明ができること。

システム開発についでは，プログラミング言語を用いて「双方向性のあるコンテンツ」の開発ができること。さらに，インタフェース，センサ，アクチュエータ等を用いて「計測・制御システム」の開発ができること。

このように，材料，加工，生物育成，エネルギー変換，情報に関する知識と技能が身につき，生活や社会で使用される様々な人工物（製品や建造物）は，どのような要求条件や制約条件で，生活や社会の問題を解決しているかを理解し，最適化されていることを説明できること。

なお，すべての内容において，実習や観察・実験，調査等の実践的・体験的な活動を通して行わせる必要があり，実習するための実習法，観察法，実験法，調査法について説明でき，実践できること。

2．教科「技術・家庭」（技術）の実践的指導力

平成29年改訂の中学校学習指導要領の考え方を十分に踏まえ，指導方法の見直しを図ることが必要である。「主体的・対話的で深い学び」を実現するための授業改善や教材研究，学習評価の改善・充実などに必要な力等が求められる。

（1）主体的な学び

技術分野で学習した知識と技能を実際の生活で生かす場面を設定させ，生徒自身の生活が家庭や地域社会と深く関わっていることを認識させたり，生徒自身が社会に参画し貢献できる存在であることに気付かせたりする授業を設計し，その教材開発ができること。

（2）対話的な学び

課題を解決（実現）するために，他者と対話したり協働したりする中で，自らの考えを明確にしたり，広げ深めたりする学びの場面を設定し，指導が

できること。なお，既製品の分解等の活動を通して，その技術の開発者が設計に込めた意図を読み取らせる指導もできること。

（3）深い学び

技術の見方・考え方を働かせながら，課題の解決に向けて生徒自身の考えを構想させたり，表現させたりして，生活や技術に関する事実的知識が概念的知識として質的に高めたり，技能の習熟・定着を図る指導ができること。

3．教科「技術・家庭」（技術）の教室マネジメント力

実習室等の環境の整備と管理については，次のようなことができること。
① 生徒の学習意欲を喚起する題材に関する資料や模型，生徒の主体的な学習を支える支援教材等の掲示
② 実習室の採光，通風，換気等や，作業の効率や安全・衛生管理
③ 生徒の作業動線を考慮して設備の整備や，加工機器の周囲への安全域を設けての事故防止対策
④ 機器類の定期的・学習前の点検，常に最良の状況の保持
⑤ 安全管理に必要とされる事項の具体化，それに基づいた管理
⑥ 適切な材料の保管，用具の手入れ

以上のように，教科に関する専門的知識と技能，時代とともに変化する実践的指導力，教室マネジメント力は，技術分野の教師として最低限身に付けたい資質と能力であるが，一朝一夕で身に付かないため，日々自己研鑽を積むことが求められる。

参考文献
文部科学省（2018）『中学校学習指導要領（平成29年告示）解説　技術・家庭編』開隆堂出版.

（竹野英敏）

第5章

保健体育科

Q1　保健体育科の特質について述べなさい

1．教科「保健体育科」の基盤と構成

　日本の学習指導要領は，およそ10年に1度のペースで改訂されてきた。その中で，保健体育科は，その時々の時代的・社会的要請，教育学的要請，運動・スポーツ（文化）の特徴に応じて目標が設定されてきている（友添，2010）。また，保健体育科はスポーツ科学，健康科学等の学問を基盤として成立している（近藤，2020）。このような目標設定の背景や学問基盤のもと，運動文化（身体文化，スポーツ文化）等を教養として児童生徒に習得させていくことを目指している（高橋，2008）点が保健体育科の特質であるといえる。

　教科「保健体育科」は，中学校においては体育分野と保健分野，高等学校では科目「体育」と科目「保健」から構成されている。また，体育と保健はいずれの校種においても必修となっている。なお，学習指導要領では，体育と保健の一層の関連を図って指導することが求められている。年間指導計画上，体育と保健のどの内容を同時期に設定して指導するか等，教科内におけるカリキュラム・マネジメントの視点から体育と保健を関連させていく方法はその一例である（文部科学省，2019）。

2．「知・徳・体」のバランスの取れた人間形成に貢献する保健体育科

　保健体育科は，生きる力である知・徳・体のバランスの取れた人間形成に大いに貢献することができる教科である（本村，2016）。実際，学習指導要領では，保健体育科における体育について，「体を動かすことが，身体能力を身に付けるとともに，情緒面や知的な発達を促し，集団的活動や身体表現などを通じてコミュニケーション能力を育成することや，筋道を立てて練習や作戦を考え，改善の方法などを互いに話し合う活動などを通じて論理的思考力を育むことにも資する」（文部科学省，2019，p.196）と明記されている。また，保健についても健康に関する課題を仲間と関わりながら解決していく

学習過程を通して，「知・徳・体」の育成に貢献できる可能性を有する。この
ことは，運動文化（身体文化，スポーツ文化）等を媒介にした教科である保
健体育科の他教科とは異なる特質の 1 つであるといえる。

3．保健体育科の独自的なステレオタイプの払拭に向けて

保健体育科教師は，他教科の教師以上に運動部活動指導や生活指導への役
割期待を担うことが多い。その役割期待を担いながらも教科指導の中で確実
に効果的な指導を実践している保健体育科教師は多数存在する。他方で，保
健体育科には，必修たりうる授業が行われていない実態も指摘されている
（本村, 2016）。このような指摘は，保健体育科独自のステレオタイプであり，
保健体育科の負のイメージに結びついている可能性もある。今後，教科とし
ての保健体育科の存立を確固たるものにするためにも，負のステレオタイプ
を払拭するような良質の保健や体育の授業を確実に積み上げていく必要があ
る。

参考文献

近藤智靖（2020）「保健体育科とはどのような教科か」日本教科教育学会
　　　編『教科とその本質 ── 各教科は何を目指し，どのように構成す
　　　るのか』教育出版, pp.134-139.

文部科学省（2019）『高等学校学習指導要領（平成30年告示）解説　保健
　　　体育編　体育編』東山書房.

本村清人（2016）『「知・徳・体」を育む学校体育・スポーツの力』大修館書店.

高橋健夫（2008）「教育改革でこれまでの体育はこう変わらねばならない」
　　　『体育科教育』大修館書店, 56（5）, pp.14-18.

友添秀則（2010）「体育の目標と内容」高橋健夫・岡出美則・友添秀則・岩田
　　　靖編著『新版 体育科教育学入門』大修館書店, pp.30-38.

（須甲理生）

Q2　保健体育科における教科の目標について述べなさい

1．旧要領の成果と課題を踏まえた教科の目標と体育・保健の各目標

　保健体育科における2008（平成20）年改訂中学校学習指導要領及び，2009（平成21）年改訂高等学校学習指導要領の成果と課題は以下のように指摘されている（文部科学省, 2018, p.6；文部科学省, 2019, p.6）。

【成果】

① 運動やスポーツが好きな児童生徒の割合が高まったこと。

② 体力の低下傾向に歯止めが掛かったこと。

③『する，みる，支える』のスポーツとの多様な関わりの必要性や公正，責任，健康・安全等，態度の内容が身に付いていること。

④ 子供たちの健康の大切さへの認識や健康・安全に関する基礎的な内容が身に付いていること。

【課題】

① 習得した知識や技能を活用して課題解決すること。

② 学習したことを相手に分かりやすく伝えること等に課題があること。

③ 運動する子供とそうでない子供の二極化傾向が見られること。

④ 子供の体力について，低下傾向には歯止めが掛かっているものの，体力水準が高かった昭和60年ごろと比較すると，依然として低い状況が見られること。

⑤ 健康課題を発見し，主体的に課題解決に取り組む学習が不十分であり，社会の変化に伴う新たな健康課題に対応した教育が必要との指摘がある。

　以上の指摘を踏まえて，中学校保健体育科の目標は，次のように明記されている（文部科学省, 2018, p.24）。「体育や保健の見方・考え方を働かせ，課題を発見し，合理的な解決に向けた学習過程を通して，心と体を一体として捉え，生涯にわたって心身の健康を保持増進し豊かなスポーツライフを実現するための資質・能力を次のとおり育成することを目指す。(1) 各種の運動

の特性に応じた技能等及び個人生活における健康・安全について理解するとともに，基本的な技能を身に付けるようにする。(2) 運動や健康についての自他の課題を発見し，合理的な解決に向けて思考し判断するとともに，他者に伝える力を養う。(3) 生涯にわたって運動に親しむとともに健康の保持増進と体力の向上を目指し，明るく豊かな生活を営む態度を養う」。

　また，高等学校の保健体育科の目標は次のように明記されている（文部科学省, 2019, p.21）。「体育や保健の見方・考え方を働かせ，課題を発見し，合理的，計画的な解決に向けた学習過程を通して，心と体を一体として捉え，生涯にわたって心身の健康を保持増進し豊かなスポーツライフを継続するための資質・能力を次のとおり育成することを目指す。(1) 各種の運動の特性に応じた技能等及び社会生活における健康・安全について理解するとともに，技能を身に付けるようにする。(2) 運動や健康についての自他や社会の課題を発見し，合理的，計画的な解決に向けて思考し判断するとともに，他者に伝える力を養う。(3) 生涯にわたって継続して運動に親しむとともに健康の保持増進と体力の向上を目指し，明るく豊かで活力ある生活を営む態度を養う」。

　なお，上記の教科の目標を受けて，中学校保健体育科における体育分野では，中学校第 1 学年及び第 2 学年の目標（文部科学省, 2018, p.30），第 3 学年の目標（文部科学省, 2018, p.34）が具体的に明記されている。同時に，中学校保健体育科における保健分野の目標（文部科学省, 2018, p.206）も設定されている。また，高等学校保健体育科においても，教科の目標を踏まえて，科目「体育」の目標（文部科学省, 2019, pp.29-30）と科目「保健」の目標（文部科学省, 2019, p.197）が具体的に設定されている。

参考文献

文部科学省（2018）『中学校学習指導要領（平成 29 年告示）解説　保健体育編』東山書房.

文部科学省（2019）『高等学校学習指導要領（平成 30 年告示）解説　保健体育編　体育編』東山書房.

（須甲理生）

Q3 保健体育科の目標について，資質・能力の視点から述べなさい

1．保健体育科における各資質・能力の視点からみた具体的な目標

　保健体育科における教科の目標，中学校体育分野と保健分野の目標，高等学校科目「体育」と科目「保健」の目標は，豊かなスポーツライフを実現するための基礎として，(1) 知識及び技能，(2) 思考力，判断力，表現力等，(3) 学びに向かう力，人間性等という資質・能力の三つの柱に沿った構造で明記されている。以下，各資質・能力の視点から具体的な目標を確認していく。

(1) 知識及び技能における「知識」

　中学校体育分野においては，「それぞれの運動の特性や魅力に応じた行い方や運動をすることの意義と効果，運動の原則などについて科学的に理解できるようにする」(文部科学省，2018, p.27) こと，高等学校科目「体育」においては，「各運動で学ぶ技術の名称や行い方，主体的な学習を行う上での課題解決の方法，体育理論で学ぶスポーツの文化的特性や現代のスポーツの発展，豊かなスポーツライフの設計の仕方などについて理解を深め」(文部科学省，2019, p.24) ることが，それぞれ求められている。

　中学校保健分野においては，「健康な生活と疾病の予防，心身の機能の発達と心の健康，傷害の防止及び健康と環境など，心身の健康の保持増進について科学的な原則や概念に基づいて理解できるようにする」(文部科学省，2018, pp.27-28) こと，高等学校科目「保健」においては，「個人生活のみならず，社会生活との関りを含めた健康・安全に関する内容を総合的に理解する」(文部科学省，2019, p.24) ことが，それぞれ求められている。

(2) 知識及び技能における「技能」

　中学校体育分野においては，各運動領域における「基本的な技能や動きを身に付ける」(文部科学省，2018, p.28) こと，高等学校における科目「体育」においては，「運動の楽しさや喜びを深く味わうための運動の技能を身に付け

る」（文部科学省，p.24）ことが，それぞれ求められている。中学校保健分野では，個人生活を中心としたストレス対処と応急手当に関する基本的な技能を身に付けること（渡邉，2017），高等学校科目「保健」においては，個人及び社会生活を中心とした内容に関わって，特に「安全な社会生活」の応急手当に関する技能を身に付けることが，それぞれ求められている（森，2019）。

（3）思考力，判断力，表現力等

保健体育科においては，学習・習得した運動に関わる知識や技能を課題に応じて学習場面に適用・応用すること，運動や健康に関する課題を発見すること，習得した知識及び技能を活用して課題解決に向けて思考・判断すること，思考し判断したことを他者に伝えること等が求められている（文部科学省，2018, p.28；文部科学省，2019, pp.24-25）。

（4）学びに向かう力，人間性等

保健体育科においては，公正に取り組む，互いに協力する，自己の責任を果たす，参画する，一人ひとりの違いを大切にしようとするなどの意欲を育てるとともに，健康・安全を確保して，生涯にわたって継続して運動に親しむ態度を養うことが求められている（文部科学省，2019, p.11）。特に，体育では，他教科とは異なり，各運動領域における学びに向かう力，人間性等に関わった具体的な指導内容が明確に示されている。また，共生社会の実現に向けて，「共生」の指導内容が明確に位置付けられている点も保健体育科の独自性だといえる。

参考文献

文部科学省（2018）『中学校学習指導要領（平成30年告示）解説　保健体育編 体育編』東山書房.

文部科学省（2019）『高等学校学習指導要領（平成30年告示）解説　保健体育編　体育編』東山書房.

森良一（2019）「保健で培いたい資質・能力」佐藤豊編著『平成30年版学習.指導要領のポイント高等学校保健体育・体育』明治図書出版, pp.22-23.

渡邉正樹（2017）「保健分野 目標の考え方」佐藤豊編著『新学習指導要領の展開』明治図書出版, pp.48-49.

（須甲理生）

Q4 体育の内容構成について述べなさい

1．体育分野における領域と内容

中学校および高等学校の学習指導要領における内容構成は，大きく「領域」と「内容」に分けることができる。「領域」は，「体つくり運動」，「器械運動」，「陸上競技」，「水泳」，「球技」，「武道」，「ダンス」，「体育理論」の8つに分けられる。また，中学校および高等学校の学習指導要領と小学校学習指導要領を比較してみると，「陸上競技」は「陸上運動」に該当し，「球技」は「ボール運動」に該当する。よって，中学校以降では，より実際の競技種目に近い形で指導が行われていることが伺える。

2．体育分野における年次進行に伴う内容の変化

現行の学習指導要領においては，生涯にわたる豊かなスポーツライフの実現に向けて，小学校から高等学校までの12年間を見通して，豊かなスポーツライフを継続することができるよう，小学校から高等学校までの12年間を4年ごとの3つの時期に分類している。具体的には，小学校1年生から小学校4年生までを「各種の運動の基礎を培う時期」，小学校5年生から中学校2年生までを「多くの領域の学習を経験する時期」，中学校3年生以降を「卒業後も運動やスポーツに多様な形で関わることができるようにする時期」としている。このように発達の段階のまとまりを踏まえて，具体的な内容だけでなく学習者が取り組む「内容」も系統的に配列されている。更に，それぞれの4年間は細かく2年ずつに分けられており，小学校1年から高校3年までの12年間は正確には6つのまとまりに分けられている。次に，それらの2年ごとのまとまりにおいて，具体的にどのように内容が変化していくのか確認することとする。

体つくり運動領域の内容は，中学1，2年では，体ほぐしの運動，体の動きを高める運動から構成される。その後，中学3年以降では，体の動きを高

　める運動が実生活に生かす運動の計画となる。また，年次進行に伴い，より詳細な体力の要素や実践方法，具体的な計画の立案が求められるようになる。

　器械運動領域の内容は，中学1，2年から高校入学年次の次の年次以降まで一貫して，マット運動，鉄棒運動，平均台運動，跳び箱運動が示されている。このように中学校から高校までの6年間を通して内容に変化は見られないものの，それらの内容で取り組まれる技の難易度が年次進行に伴って高くなっている。

　陸上競技領域の内容は，中学1，2年から中学3年までは競走種目である短距離走・リレー，長距離走，ハードル走と，跳躍種目である走り幅跳び，走り高跳びから構成される。そして，高校入学年次からは跳躍種目に三段跳びが加わるとともに，新たに投擲種目である砲丸投げ・やり投げが加えられる。このような変化に加えて，年次進行に伴い取り組む技能の難易度が高くなり，学習指導要領解説の例示に示されている疾走距離や助走距離等の設定も変化する。

　水泳領域の内容は，中学1，2年ではクロール，平泳ぎ，背泳ぎ，バタフライの4つから構成される。そして，中学3年からはこれらに，複数の泳法で泳ぐ又はリレーが加えられ，これが高校入学年次には，複数の泳法で長く泳ぐ又はリレーに変化する。また，年次進行に伴い取り組む技能の難易度が高くなり，学習指導要領解説の例示に示されている泳距離も増加する。

　球技領域では，既存の競技を特性に応じた3つの型に分類している。具体的にはバスケットボール，ハンドボール，サッカーから構成されるゴール型，バレーボール，卓球，テニス，バドミントンから構成されるネット型，ソフトボールを中心に構成されるベースボール型である。中学校1，2年から高校入学年次の次の年次以降にかけてこの3つの型の内容は一貫しているが，高校入学年次以降はゴール型にラグビーが含まれるようになる。

　武道領域の内容は，中学校では柔道，剣道，相撲の3つで構成されている。一方，その他の領域では高校に上がるにつれて，内容自体や内容に含まれる種目が増えるが，武道領域では，高校では柔道と剣道のみとなる。他方で，学校や地域の実態に応じて，中学校では，空手道，なぎなた，弓道，合

気道，少林寺拳法，銃剣道を，高校ではこれらに相撲を加えたものを履修させることができる。

　ダンス領域の内容は，創作ダンス，フォークダンス，現代的なリズムのダンスの３つから構成されており，中学１，２年から高校入学年次の次の年次以降にかけて同じである。このように中学校から高校までの６年間を通して内容に変化は見られないものの，それらの内容で取り組まれる表現の仕方や特有の表現を見つけることが求められている。

　体育理論領域では各学年で内容が異なる。中学１年では「運動やスポーツの多様性」，中学２年では「文化としてのスポーツの意義」，中学３年では「運動やスポーツの意義や効果と学び方や安全な行い方」，高校入学年次では「スポーツの文化的特性や現代のスポーツの発展」，高校入学年次の次の年次では「運動やスポーツの効果的な学習の仕方」，それ以降の年次では「豊かなスポーツライフの設計の仕方」となっている。

３．体育分野における内容の取扱い

　最後に中学から高校にかけての６年間の内容の取扱いについて説明する。内容の取扱いとは，上記の領域および内容がどの時期にどのように学習されなければならないのかを示したものである。まず，領域の取扱いについて説明する。「体つくり運動」および「体育理論」は，中学から高校までの全ての学年で必修とされている。中学１，２年においては，その２年間の中で「器械運動」，「陸上競技」，「水泳」，「球技」，「武道」，「ダンス」が必修とされている。中学３年，高校入学年次では，「器械運動」，「陸上競技」，「水泳」，「ダンス」から一領域以上，「球技」，「武道」から一領域以上を選択して指導することとされている，高校入学年次の次の年次以降では，「器械運動」，「陸上競技」，「水泳」，「球技」，「武道」，「ダンス」から二領域以上選択して指導することとされている。

　次に，内容の取扱いについて説明する。中学および高校の各学年において，「体つくり運動」を構成する内容である「体ほぐしの運動」および「体の動きを高める運動（実生活に生かす運動の計画）」はともに各年次で指導

することになっている。また，「体育理論」は全ての年次で取り扱われる内容が明確に定められている。「器械運動」は，「マット運動」，「鉄棒運動」，「平均台運動」，「跳び箱運動」で構成されるが，中学1，2年ではマット運動を含む2つ以上の内容を，中学3年以降は4つの内容から選択することになっている。「陸上競技」では中学1年から3年までは「短距離走・リレー，長距離走，ハードル走」，「走り幅跳び，走り高跳び」のそれぞれの中から選択することになっている。高校では「短距離走・リレー，長距離走，ハードル走」，「走り幅跳び，走り高跳び，三段跳び」，「砲丸投げ，やり投げ」のそれぞれの中から選択することになっている。「水泳」は中学1，2年では「クロール」，「平泳ぎ」，「背泳ぎ」，「バタフライ」の中から「クロール」または「平泳ぎ」を含む2つ以上の内容から選択することとなっている。中学3年では，上記の内容に加えて「複数の泳法で泳ぐ又はリレー」，高校入学年次以降では「複数の泳法で長く泳ぐ又はリレー」の5つの中から選択することになっている。「球技」は「ゴール型」，「ネット型」，「ベースボール型」で構成されるが，中学1，2年では2年間で全ての内容を，中学3年，高校入学年次では2つ以上の内容を，高校入学年次の次の年次以降では1つ以上の内容を選択することになっている。「武道」では，中学1，2年および中学3年では「柔道」，「剣道」，「相撲」から1つ以上を選択することになっている。高校では，「柔道」，「剣道」のいずれかを選択することとなっている。「ダンス」は「創作ダンス」，「フォークダンス」，「現代的なリズムのダンス」で構成されるが，中学1，2年では2つ以上を選択，中学3年以降は1つ以上を選択することとなっている。

参考文献

文部科学省（2019）『高等学校学習指導要領（平成30年度告示）解説　保健体育編　体育編』東山書房.

文部科学省（2018）『中学校学習指導要領（平成29年度告示）解説　保健体育編』東山書房.

（西村三郎）

Q5　保健の内容構成について述べなさい

1．中学校における内容

　中学校の保健分野は，「健康な生活と疾病の予防」，「心身の機能の発達と心の健康」，「傷害の防止」，「健康と環境」の４つの内容で構成されている。ここではこれらの内容で取り扱われる知識（知識及び技能）について確認する。

　「健康な生活と疾病の予防」では，（ア）健康の成り立ちと疾病の発生要因，（イ）生活習慣と健康，（ウ）生活習慣病などの予防，（エ）喫煙，飲酒，薬物乱用と健康，（オ）感染症の予防，（カ）健康を守る社会の取組から構成され，（ア）および（イ）は中学１年生で，（ウ）および（エ）は中学２年生で，（オ）および（カ）は中学３年生で取り扱われる。また，（ア）では，健康の保持増進と疾病の予防に加えて，疾病の回復についても取り扱うこととされている。（エ）では，心身への急性影響及び依存性について，薬物については覚醒剤や大麻等を取り扱うこととされている。（オ）では，後天性免疫不全症候群及び性感染症についても取り扱うこととされている。

　「心身の機能の発達と心の健康」では，（ア）身体機能の発達，（イ）生殖に関わる機能の成熟，（ウ）精神機能の発達と自己形成，（エ）欲求やストレスへの対処と心の健康から構成されており，全て中学１年生で取り扱うこととなっている。（ア）では，呼吸器，循環器を中心に取り扱うこととされている。（イ）では，妊娠や出産が可能となるような成熟が始まるという観点から，受精・妊娠を取り扱うものとし妊娠の経過は取り扱わないこととされている。

　「傷害の防止」では，（ア）交通事故や自然災害などによる傷害の発生要因，（イ）交通事故などによる傷害の防止，（ウ）自然災害による傷害の防止，（エ）応急手当の意義と実際から構成されており，全て中学２年生で取り扱うこととなっている。（エ）では，包帯法，止血法など傷害時の応急手当も取り扱い，実習を行うこととされている。

「健康と環境」では，（ア）身体の環境に対する適応能力・至適範囲，（イ）飲料水や空気の衛生的管理，（ウ）生活に伴う廃棄物の衛生的管理から構成されており，全て中学3年生で取り扱うこととなっている。

2．高校における内容

高校の保健分野は，入学年次および入学年次の次の年次で履修されることとなっており，「現代社会と健康」，「安全な社会生活」，「生涯を通じる健康」，「健康を支える環境づくり」の4つの内容で構成されている。

「現代社会と健康」は，（ア）健康の考え方，（イ）現代の感染症とその予防，（ウ）生活習慣病などの予防と回復，（エ）喫煙，飲酒，薬物乱用と健康，（オ）精神疾患の予防と回復から構成されている。（ウ）では，がんや健康とスポーツの関連についても取り扱うこととされている。（エ）では，薬物については，麻薬，覚醒剤，大麻等を取り扱うこととされている。

「安全な社会生活」は（ア）安全な社会づくり，（イ）応急手当から構成されている。（ア）では，交通安全については，二輪車や自動車を中心に取り上げることとされている。

「生涯を通じる健康」は（ア）生涯の各段階における健康，（イ）労働と健康から構成されている。（ア）については，思春期と健康，結婚生活と健康及び加齢と健康を取り扱うものとされている。

「健康を支える環境づくり」は（ア）環境と健康，（イ）食品と健康，（ウ）保健・医療制度及び地域の保健・医療機関，（エ）様々な保健活動や社会的対策，（オ）健康に関する環境づくりと社会参加から構成されている。（ウ）では，健康とスポーツの関連について取り扱うこととされている。

参考文献

文部科学省（2019）『高等学校学習指導要領（平成30年度告示）解説　保健体育編　体育編』東山書房.

文部科学省（2018）『中学校学習指導要領（平成29年度告示）解説　保健体育編』東山書房.

（西村三郎）

Q6 体育の指導事項と配慮について述べなさい

1. 学習指導法とは？

　児童・生徒の各教科の学習が有効に行われるよう指導することを「学習指導」といい（大辞林第三版），その方法のことを「学習指導法」と言う。学習指導法は，時代の変化とそれに伴う教育思想や学力観に大きな影響を受けてきた。2017・2018（平成29年・30）年改定の新学習指導要領では，「主体的・対話的で深い学び」（アクティブ・ラーニング）による授業改善を求め，指導法について言及している。つまり，目まぐるしく変化する時代の中で，これからの教育現場では，教える内容だけではなく，教え方の工夫・改善が一層求められているのである。本節では，体育の学習指導法とその配慮事項について説明するが，まず初めに言っておかなければならないことは，"万能の学習指導法はない"ということである。

2. 体育ってどう教えるの？

　身体活動を伴い，グラウンドや体育館で授業が実施されるという特徴を持つ体育であるが，他教科と同じように，技能だけでなく知識や思考力・判断力・表現力等，学びに向かう力・人間性等の育成が求められる。では，ここからは具体的に体育の学習指導法を紹介しよう。

　欧米では，これまで多くの研究者や実践家によって多様な体育の学習指導法が研究・実践されてきた。日本でも，欧米の知見を踏まえながら，多様な学習指導法が提唱され，実践されてきた。それぞれの研究者で用語は異なるものの，学習指導法を適用する際には，学習環境や期待される学習目標や学習成果と教師のスキルが重要であることが指摘されている。それでは，これまで提唱されてきた理論や実践を踏まえ，教師目線でいくつかねらいを設定して，それにあった学習指導法や学習方法を整理して簡潔に紹介する。ただし，下記の学習指導法や学習方法の中には，多様な学習成果を期待しているもの

もあるので，実践する際にはうまく組み合わせたり，応用してみてほしい。

（1）教師主導で技能や知識を育みたい

- 一斉指導 … 体育の歴史の中で最も長く用いられてきた指導法であり，教師が全ての学習者に対して一斉に指導をする。学習者は教師のマネをしたり，直接的に指導を受ける。
- 班別学習 … 学習者らを習熟度別に分け，教師が直接的に指導する。習熟度が同質，ないしは異質の者同士で班員を構成する。
- ステーション指導 … グループと指導内容を3つ以上に分け，各ステーションをローテーションさせながら学習させる。教師はグループ構成や指導内容を綿密に計画する必要がある。
- 個別指導 … 個々の能力に応じて教師が直接的に指導をする。近年は個に応じた教育が重視されているため，教師には個別指導ができる力が求められている。
- 系統学習 … 指導内容を系統立てて配列し，順序よく指導する。
- スモールステップ … 適切な目標や課題を段階的に設定し，徐々に技能や知識が習得できるように指導する。

（2）思考力・判断力・表現力などを育みたい

- 問題解決型学習 … 学習者の体験を基盤に問題を認識させ，試行錯誤を経験させながら問題解決に取り組ませる。ただし，学習者には問題解決に必要な知識や技能が備わっていることが重要である。知識や技能が備わっていないと問題解決学習は成立しない。
- 発問指導 … 教師は学習者の思考を促すような発問を投げかけ，学習者らに思考させながら問題解決に取り組ませる。
- 戦術学習 … 「理解のためのゲーム指導（Teaching Games for Understanding）」の理論を基盤に，発問を用いながらゲーム理解や認知面の学習を促す。

（3）主体性や協調性を育みたい

- グループ学習 … 教師から与えられた課題に対して，グループで対話しながら課題解決に取り組ませることで，主体性や社会性などを育む。
- 協調学習（collaborative learning）… 一過性のプロジェクト（イベント）に

対し，メンバー間の緩やかな協力関係の中で質の高い成果を求める。

- 協働学習（collaborative learning）… 自立性を持たせながら多様な他者と相互の信頼関係を構築し，協働して学習目標の達成及び課題解決を目指すプロジェクト型の学習である。
- 協同学習（cooperative learning）… グループ構成員全員の成長をねらいとし，学習目標の達成に向けて全員で相互協力を行う。協同の在り方自体も学びの対象とする。
- 知識構成型ジグソー法 … 建設的な相互作用を通して，自己の考えを深めることを目的とし，エキスパート活動・ジグソー活動・クロストーク活動の３つで構成される，課題解決プロセスを重視した学習法である。
- ピア指導 … 学習者同士が相互に教えあう。

３．体育の指導時に配慮することは？

体育の指導時に配慮することとして，大きく以下の４点を挙げる。最大限の配慮をした上で，体育指導を行って欲しい。

① 安全面 … 体育において，学習成果を上げるためには怪我や事故が発生しないことが最も重要である。そのため，教師が配慮するだけでなく，学習者らにも安全に関する指導を行う必要がある。

② 発育・発達段階 … 小学校から高等学校にかけて，子どもたちは身体的・精神的にも目まぐるしく発育・発達する。そのため，体育では小学校から高等学校にかけて発育・発達の段階を踏まえた指導内容の体系化がなされている（文部科学省）。体育では，指導内容の系統性を意識しながら指導することが重要である。また，思春期である中学校段階では，体格や体力の差が激しく，配慮すべき事項である。高等学校段階では，ある程度成熟するが，発育・発達には個人差があることに十分配慮しながら指導しよう。

③ 能力差 … 一斉指導やアクティブラーニングを実施する際，グループを構成する際にも，個々の能力差は配慮すべき事項である。体育には目に見える能力もあれば，目に見えない能力もあるため，教師には個々の能力を見極める力が求められる。能力差への配慮ができなければ，怪我や事故につ

ながる可能性も高まり，子ども達の二極化（体育好き−体育嫌い，運動をする−運動しない）を助長してしまうことにもつながる。

④ ダイバーシティ（多様性）…体育では「性（セクシャリティ）」の問題が顕在化する場面が多くある。男女を基準としたグループ分けや，服装，身体接触，技能差，体格差など，子ども達にとって性に関する不安要素は多く存在する。また，先に能力差についても言及したが，子ども達の多様化は進んでいる。体育を通して多様性を尊重する態度を養う意味も含め，教師は，子ども達一人ひとりの個性を見抜き，インクルーシブな視点を持って指導していく必要がある。

参考文献

高橋健夫・岡出美則・友添秀則・岩田靖編著（2016）『新版 体育科教育学入門』大修館書店.

松村明（2006）『大辞林　第三版』三省堂.

文部科学省（2018）『中学校学習指導要領（平成29年告示）解説　保健体育編』東山書房.

文部科学省（2019）『高等学校学習指導要領（平成30年告示）解説　保健体育編　体育編』東山書房.

（濱本想子）

Q7 保健の指導事項と配慮について述べなさい

1. 保健ってどう教えるの？

　保健の学習内容は，生活や人生に直結するため興味関心を引きやすいはずであるが，授業自体はあまり人気がないようだ。

　では，どのような学習指導法を用いれば保健の授業は面白くなるのだろうか。現行の中学校及び高等学校学習指導要領には，保健の学習指導法（教育法）や学習方法が明示されている。

- ディスカッション … 課題に対して話し合いを通して知識や考えを伝え合い，思考を深めたり課題解決を目指す集団学習。
- ブレインストーミング … 小集団の中で課題に対して多くの意見や考えを出し合い，脳の中を嵐のような状態にさせる。
- ロールプレイング … 現実的な問題を設定し，役割を決めて演じさせ，対人関係能力や問題への対処能力を高め，他者理解を深めさせる。ただし，演じるには背景知識が重要である。
- 実習や実験 … 実習は，技術や技能の習得に効果的である。例えば，応急手当や心肺蘇生などの技術指導に活用できる。実験は，仮説を検証することで思考力や判断力を養う。
- 課題学習 … 学習者が自ら課題を発見・設定し，仮説を検証し，まとめとして発表するプロセスをとる学習である。

　この他にも，養護教諭や専門家とのティームティーチングを行うことも理解を深めさせる際に有効である。また，学習内容が日常生活に関連しているため，実は教科書に載っている情報は日々変化している。そのため，インターネットや書籍を活用した調べ学習や，教室を出て現場に赴き観察や調査を行うフィールドワークも正しい理解や思考力を促す際に効果的である。さらに，保健の授業ではICTの積極的な活用をお勧めする。なぜなら，ICTは授業の準備段階から教師の情報提示，学習者の情報収集・共有に活用するこ

とができるからである。つまり，うまく活用することができれば，教師や学習者のインプットとアウトプットの両方を促進させることができるのである。体育同様，学習内容やねらい，学習者の実態に合わせて学習指導法や学習方法を選択し，実践してみてほしい。

2. 保健の指導時に配慮することは？

保健の指導時に配慮することは，大きく以下の3点である。

- 正確な知識や技術 … 上述したように，日々変化する情報を常に収集し，最新の知識や技術を正しく伝えていくことが大切である。保健では教師にも情報処理能力が求められる。
- 多様性や多様な価値観 … 今，世界では子どもを産む・産まないだけでなく，産み方の選択肢も広まってきている。「女性は子どもを産むべきだ」というような偏った価値観で授業を進めると，子どもを傷つけてしまう可能性もあり，多様性を尊重する態度を育むこともできない。多様性を認めていく社会になりつつある今，教師こそ最も敏感である必要がある。
- 学習者のバックグラウンド … 「今日の朝ごはんは何でしたか」。何でもない質問のように聞こえるが，家庭の事情で朝ごはんを食べられない子どももいる。配慮しすぎて適切な指導ができないことも問題であるが，家庭環境やセクシャリティ，健康状態など，子ども達の多様なバックグラウンドに対しても，十分な配慮が必要である。保健や体育では，一言一言が心や体に直接影響する。このことを常に頭に入れておいてほしい。

参考文献

日本保健科教育学会（2017）『保健科教育法入門』大修館書店.
文部科学省（2018）『中学校学習指導要領（平成29年告示）解説　保健体育編』東山書房.
文部科学省（2019）『高等学校学習指導要領（平成30年告示）解説　保健体育編　体育編』東山書房.

（濱本想子）

Q8 体育の評価基準の作成と評価の留意点について述べなさい

1. 学習評価は誰のため？ 何を見取るのか

　学習の主体は生徒である。したがって，学習評価は，学校における生徒の教育活動に関して，学習状況を把握し評価するものと捉えることができる。それでは一体，生徒たちの何を見取り，どのように評価の判断をするのか。

　まず，教師は，生徒たちに「どのような力を身に付けさせたいのか」「どのようにして知識や能力を獲得させるのか」という学習のためのレディネスを的確に捉える必要がある（プロセスとメジャメント）。次に，教師は授業や指導を通して，生徒の学びの変容を随時確認し，その改善を図りながら，生徒の成長を評価する（アセスメント）。そして最後に，信頼のおける評定（エバリュエーション）を付けて説明責任を果たしていく。そのような一連の評価活動を指導とともに行っていくことが肝要である。これが，いわゆる「指導と評価の一体化」といわてきたことであり，教師は常に生徒たちの成長を俯瞰的に見守り，そのエビデンス（証拠）をもって評価をしていく，専門職としての責務を果たしていくことが大切となる。

　それでは，次から体育を事例としながら，学習評価の基本的な仕組みをおさえていく。

① 評価の形態：診断的評価（事前評価）とは，体育授業の開始前に健康・体力，そして学習内容の課題が生徒にとって適切であるかどうかを判断するために行う評価を指す。形成的評価（事中評価）とは，体育授業の途中において生徒にとって知識・技能，思考・判断・表現，主体的に学習に取り組む態度の変容が効果的なものであるかを判断し，それ自体の軌道を修正しく過程を指す。また，その時点での生徒の実情を把握し，目標に達していない生徒に対して具体的なフィードバックを施すための指標として行う評価を指す。そして，総括的評価は（事後評価）は，単元が一段落した後，その単元で教えた

「体育的学力」や体力の変化といった成果を把握するために行う評価である。
② 評価主体と評価対象の関連による方法：自己評価は，学習活動や指導活動の成果，そして自己の行動及び体力の特性などについて，学習や指導の主体である生徒や教師自身で評価することを指す。また，他者評価は，自己評価に対し，客体である生徒や教師自身が評価することを指す。通常の評価の多くが，この方法で適用することが多い。とりわけ，体育では安全面への配慮を基盤として，安心できる環境で学習を行うことが怪我や事故を防ぐことにつながるからである。最後に，相互評価は，主体及び客体である生徒も相互に評価することを指す。先でも述べている通り，体育では学習空間（体育館やグラウンド）が広いため，すべての生徒に目を届かせるのは困難である。したがって，相互評価を活用しながら，お互いの成長を確認し，その評価活動も活用することで指導の一助をとしていくのである。
③ 評価を解釈する方法：戦後から2000年まで実施されてきた相対評価（いわゆる，「集団に準拠した評価」）は，集団内における相対的な位置によって評価・解釈する方法である。一方，絶対評価（「目標に準拠した評価」）は，国が示した学力観（ここでは「体育的学力」）に基づく評価規準の目標の達成状況によって評価・解釈する方法である。なお，戦前にも絶対評価はあったが，そのときの絶対評価は「主観的絶対評価」といわれ，体育教師の主観が強く，偏りのある評価であった。しかも，具体的な評価規準（基準）なかったのが現状であった。また個々の成長に目を向ける個人内評価は，個人の能力や学習成果の時間経過に伴う変化の状況を評価する方法である。生徒の学習状況を適宜把握して指導の充実・発展に重点を置く。

2. 体育における2つの「きじゅん」：評価規準と評価基準の重要性

体育の学習内容には，学習指導要領にある8つの領域を基本として，多様な種目が準備されている。本来であれば，すべての領域と種目を実施する中で，教科としての体育を評価することになる。しかし，学校の施設や時間数の問題などで，現実的には不可能な状況が多い。そこで，例えば，多様な種目がある陸上競技の中でも走り幅跳びという視点（規準）を通して，具体的

にどのくらい跳んだのかといった段階づけ（基準）を手がかりとして評価を進める。もちろん，そこでは体育（陸上競技）「を」教えることと体育（陸上競技）「で」教えることの違いをも認識していくことが評価では大切となる。

　前者の視点では，実技科目の特性として，陸上競技の技能をどのように評価していくのかということになる。例えば，走り幅跳びの技能において，授業を通して「どのくらい跳んだのか」といった距離に主眼をおくことになるであろう。しかし，走り幅跳びの技能の評価を，「いかに遠くに跳んだのかを距離だけで競う」のであれば，足が速い生徒が一番よい成績となってしまう。そこで，指導の工夫として，疾走スピードに応じた走り幅跳びの記録目安表などを活用したり，単元内における個人の記録の伸び率にも目を向けたりすることで，技能の評価を多角的に判断することも可能となる。それは，結局，授業中の生徒のモチベーションの維持につながる大切な視点となる。

　一方，後者の視点では，走り幅跳びの技術や技能発揮を通して，何を学んだのかという知識（ポイント）や思考・判断（技術習得や練習の過程）を学習ノートの記述などを通して評価するということである。2018（平成30）年改訂の学習指導要領の目標及び内容が資質・能力の３つの柱「知識・技能」「思考力・判断力・表現力等」「学びに向かう力，人間性等」といった観点になったのは周知の事実であろう。したがって，陸上競技の学習を通して，どのような資質・能力が身に付いたのかメタ（高次）的に捉えて評価していくことも，今後の教科体育の意義や価値づけには必要不可欠な視点となる。さらに，このような評価に加えて，生徒たちの体力もどのように変化し，健康を保持増進できているのかといった点も考慮しなければならない。つまり体育教師は，体育の学習評価を多様かつ複眼的な思考をもって指導する力量を持たなければならない。

３．さいごに：具体的な評価事例をもとにして

　以下の表は，文部科学省（2020）の国立教育政策研究所が出している参考資料から一部抜粋した陸上競技の「内容のまとまりごとの評価規準（例）」（p.117）である。体育教師は，表5-8-1のように指導する内容と評価する規準及び基

表5-8-1　C　陸上競技

知識・技能	○知識 ・陸上競技の特性や成り立ち，技術の名称や行い方，その運動に関連して高まる体力などについて理解している。 ○技能 ・短距離走・リレーでは，滑らかな動きで速く走ることやバトンの受渡しでタイミングを合わせることができる。 ・長距離走では，ペースを守って走ることができる。 ・ハードル走では，リズミカルな走りから滑らかにハードルを越すことができる。 ・走り幅跳びでは，スピードに乗った助走から素早く踏み切って跳ぶことができる。 ・走り高跳びでは，リズミカルな助走から力強く踏み切って大きな動作で跳ぶことができる。
思考・判断・表現	・動きなどの自己の課題を発見し，合理的な解決に向けて運動の取り組み方を工夫するとともに，自己の考えたことを他者に伝えている。
主体的に学習に取り組む態度	・陸上競技に積極的に取り組むとともに，勝敗などを認め，ルールやマナーを守ろうとすること，分担した役割を果たそうとすること，一人一人の違いに応じた課題や挑戦を認めようとすることなどをしたり，健康・安全に気を配ったりしている。

国立教育政策研究所．教育課程研究センターの資料（p.117）から一部抜粋

準を事前に設定しておくことで，単元を通して生徒たちを的確に指導することが可能となる。ただし，2000年代にも問題となったすべての領域や種目ごとの細かい「評価基準」の資料作成による「評価疲れ」にならないためにも，教師同士の同僚性の中で生徒との合意を得ながら持続可能な2つの評価「きじゅん」をどのように構築していくのかは今後の課題となっている。

参考文献

木原成一郎編著（2014）『体育授業の目標と評価』広島大学出版会．

文部科学省 http://www.mext.go.jp　学習評価の在り方ハンドブック（2020年5月1日閲覧）．

文部科学省国立教育政策研究所・教育課程研究センター（2020）『指導と評価の一体化」のための学習評価に関する参考資料　中学校保健体育』．

（岩田昌太郎）

Q9　保健の評価基準の作成と評価の留意点について述べなさい

1．保健は何を学ばせる教科なのか

　前提として，今回の指導要領改訂に伴って，保健においても学習と評価を行う際に「知識・技能」「思考・判断・表現」「主体的に学習に取り組む態度」の3つの観点から資質・能力がどのように育まれたのかを大切にしなければならない。したがって，教師は，保健授業を実施して，定期末試験（知識テスト）だけをすればよいのではない。つまり，保健の意義を基盤にしつつ，様々な題材を通して，保健の知識や思考を深めつつ，自他の健康や社会の発展に寄与する知恵を持つ生徒を育成していかなければならない。

　そのためには，題材や単元ごとに知識の確認や思考の習熟を評価していき，生徒たちの保健の学力観の育成に目を向けていくことも肝要となる。それでは，次に具体的な事例として，中学校の単元の評価規準を紹介したい。

2．保健の具体的な単元における評価規準の作成のポイント

　中学校と高等学校では，大きく3つのテーマによって保健の学習内容が構成されている。その学習内容を小単元として構成し，具体的な年間計画の中で題材を精査することが大切となる。もちろん，保健でも「指導と評価の一体化」を念頭に，題材を通した知識の定着及び思考力の向上，そして主体的に学習に取り組む態度といった資質・能力の育成が重要となる。Q8の「体育」でも述べたように，2つの「きじゅん」（規準と基準）を設定し，生徒たちと合意形成を得ながら，授業を展開することが望ましい。

　それでは，以下に具体的な「単元の評価規準」を紹介する。これも，文部科学省（2020）の国立教育政策研究所が出している参考資料から一部抜粋した保健分野における「単元の評価基準を作成する際のポイント」を示している（表5-9-1）。知識や思考・判断のみならず，主体的に学習に取り組む態度

表5-9-1

ウ「単元の評価規準」を作成する際のポイント
　「単元の評価規準」は，生徒の実態等を考慮しつつ，「内容のまとまりごとの評価規準」を踏まえ作成する。本事例では，「知識・技能」「思考・判断・表現」については学習指導要領解説の内容，「主体的に学習に取り組む態度」については改善等通知の「観点の趣旨」を踏まえるとともに，文末を以下のとおりに変えることで評価規準を作成している。

○「知識・技能」のポイント
　学習指導要領解説における「2　内容」の記載を基に評価規準を作成する。その際，保健の技能 はその行い方（対処の仕方）についての知識の習得と併せて指導することが大切であるため，原則や概念に関する知識に加えて，該当する技能についての行い方（対処の仕方）に関する知識も評価規準に加筆することも考えられる。
・「知識」については，解説の「〜理解している」と記載してある部分の文末を「〜について，理解したことを言ったり書いたりしている」として，評価規準を作成する。
・「技能」については，解説の「〜できるようにする」と記載してある部分の文末を「〜（行い方・対処）について，理解したことを言ったり書いたりしているとともに，（〜が）できる」として，評価規準を作成する。

○「思考・判断・表現」のポイント
　学習指導要領解説における「2　内容」の「思考力,判断力,表現力等」に関する記載を基に評価規準を作成する。その際,〔例示〕に記載された内容を踏まえるとともに，実際の学習活動に合わせ，文末を「〜している」として，作成する。

○「主体的に学習に取り組む態度」のポイント
　改善等通知における「主体的に学習に取り組む態度」の「評価の観点及びその趣旨」に示された内容等を踏まえ，文末を「〜しようとしている」として，評価規準を作成する。

国立教育政策研究所，教育課程研究センターの資料（p.47-49）から抜粋

や健康の保持増進に対する態度の側面も評価対象となる。健康の在り方，運動や食事，ストレス，飲酒などの現代社会で問題となっていることや，性教育や環境問題といった題材を通して，適切な評価計画とともに授業実施と改善を行っていくことが重要となる。

3．おわりに

　現在（2021年5月），国内外では新型コロナウイルス（COVID-19）の影響で社会の変革が求められている。このような事態に対して，科学的な知見に基づいた正しい知識のリソースを辿り，未知なるウイルスとの戦いや人間社会における健康の在り方に対して学習する新しい教材を検討することも求められている。また，その影響は自粛する社会の中で，ストレスとどう向き合い，自己や家族の生活習慣（食事や睡眠など）を見直し，そして運動と健康を自宅やソーシャルディスタンスの中で実施していくかといった教材化もできる。今後，ますます保健を大切にする中で，生徒たちの健康を守りや将来の社会をよりよくしていく気運が高まっていくことを期待したい。

（岩田昌太郎）

Q 10 「体育的な見方・考え方」について述べなさい

1. 平成 30 年度改訂学習指導要領に示された「見方・考え方」

　2018（平成30）年度高等学校学習指導要領の改訂により，各教科において育成を目指す資質・能力を3つの柱として明示し，深い学びにつなげることが求められるようになった。その際，各教科の特質に応じて育まれる「見方・考え方」が重要とされ，教科の目標にも示された。中央教育審議会答申（2016）においては，「見方・考え方」を「どのような視点で物事を捉え，どのような考え方で思考していくのか」ということで，教科等ごとの特質があり，各教科等を学ぶ本質的な意義の中核をなすものとして，教科等の教育と社会をつなぐものである、と整理している。さらに「新しい知識及び技能を既に持っている知識及び技能と結び付けながら社会の中で生きて働くものとして習得したり，思考力・判断力・表現力を豊かなものとしたり，社会や世界にどのように関わるかの視座を形成したりするために重要なもの」と示した。

　保健体育科においては，その特性に応じて，各種の運動がもたらす体の健康への効果，心の健康も運動と密接に関連していることを踏まえ，生涯にわたる豊かなスポーツライフを実現する資質・能力の育成や健康の保持増進のための実践力の育成及び体力の向上について考察することが重要である。

2. 体育の見方・考え方

　学習指導要領において「体育の見方・考え方」は，生涯にわたる豊かなスポーツライフを実現する観点を踏まえ，「運動やスポーツを，その価値や特性に着目して，楽しさや喜びとともに体力の向上に果たす役割の視点から捉え，自己の適性等に応じた『する・みる・支える・知る』の多様な関わり方と関連付けること。」と整理されている。運動やスポーツには，運動やスポーツをすることによって身に付けることのできる体力，運動能力，人間形成，社会性などの外在的価値と，客観的な側面（技術，戦術，規範，知識＝構造

的特性）と主観的な側面（意味のある経験，楽しさの経験＝機能的特性）からなる内在的価値があると考えられるが，内在的価値はスポーツの文化的価値が社会に認められることが前提となる。個人における運動・スポーツに対する価値は多様であり，これまでの学習を踏まえて，高校生までに自己の適性に合った楽しみ方を見つけることが課題となる。それが「生涯にわたる豊かなスポーツライフを実現することにつながる」ことになり，「体育の見方・考え方」は発達段階に伴って，それぞれの段階で学んだことをいかに身に付け，自分のものとし，活用できるかが重要であるといえる。

3．保健の見方・考え方

　「保健の見方・考え方」については，疾病や傷害を防止するとともに，生活の質や生きがいを重視した健康に関する観点を踏まえ，「個人及び社会生活における課題や情報を，健康や安全に関する原則や概念に着目して捉え，疾病等のリスクの軽減や生活の質の向上，健康を支える環境づくりと関連付けること。」と整理されている。学習を通して身に付けた健康や安全についての知識や技能を，実際の各自の生活に結び付けることが求められる。「保健」を通して高校までに学習した知識や技能，健康や安全に対する態度が生涯を健康に過ごすための土台となることから，生涯にわたって健康に過ごすためには，保健の「見方・考え方」を活用することが重要である。

参考文献・URL

文部科学省（2019）『高等学校学習指導要領（平成30年告示）解説　保健
　　　体育編　体育編』東山書房．

文部科学省（2016）文部科学省体育・保健体育，健康，安全ワーキンググ
　　　ループにおける審議の取りまとめ https://www.mext.go.jp/b_menu/
　　　shingi/chukyo/chukyo3/072/sonota/__icsFiles/afieldfile/2016/09/12/
　　　1377059_1.pdf.

（宮崎明世）

Q11　体育の学習指導計画の作成方法と配慮事項について述べなさい

1．体育の学習指導計画とは

　体育の学習指導計画は，年間計画，単元計画，単位時間計画（学習指導案）の３つに分類することができる。指導計画は，体育科の目標と内容を実際の授業に効果的に反映するため，重要な役割を担っている。また，生徒の学習成果を保障するための「良い体育授業」を実現していくために，指導計画の立案は欠かせない重要な手続きである。何故なら，指導計画を作成することで，教師が学習の道筋を確認することができ，授業中に生じる予期せぬ生徒の動きに対応することができるためである。さらに，指導計画を立てておくことで，授業の進行度や学習目標の達成などを評価し，達成されていない場合はその原因を評価から得られた情報に基づき，計画と実践のズレを検討し必要に応じて指導計画に修正を加えることができる。この作業は，PLAN（計画）－DO（実践）－SEE（評価）－ACT（改善）のPDCAサイクルであり，この作業を繰り返すことによって教師は自身の授業を見直し改善することができ，「良い体育授業」が実現される（吉永，2010）。

　指導計画は，学習目標の設定，学習内容の把握，対象者の把握，指導方法の想定など，様々な事柄を想定して作成する必要がある。実際の立案では，学習指導要領に示されている内容をどのように取り上げ，どのように深めていくか，また，生徒にどのような資質・能力を身につけさせたいのかを検討し，見通しを持つことが重要である。

2．学習指導計画の作成方法

（1）年間計画

　年間計画は，１年間の体育の学習指導を計画し，子どもがいつ，何を学習するのか，学習時間を示しながら組織化したものである。具体的には，学習

指導要領に示された各運動領域から具体的な運動種目を単元（まとまり）として配置し，これを1年間の時系列に配当したものである（高橋，1992）。

　年間計画作成の手順は，次の通りである。まず，各学校の教科目標にしたがい，各学年の目標や内容，取り扱う運動種目を選定する。次に，学習のねらい及び内容を具体化し，授業時数，単元の構成（単独か組み合わせか，単元の規模等）を決める。最後に，各学校段階の見通しを持ちながら，各々の運動に適切なシーズンや体育的行事などとの関連を持たせて，単元を配列する。

（2）単元計画

　単元計画は，年間計画に位置付けられた教材（運動種目）をまとまりとした学習の基本的な単位であり，具体的な学習の道筋を組織的に構成したものである。また，実際の体育授業をどのように展開していくのかを示したものである。単元計画には，教師の授業に対する考え方や生徒の特性などを踏まえた目標が立てられ，そこに到達するための手立てや指導方法等が計画として立案される。

　単元計画を作成する際には，「単元名」，「対象者と実施場所」，「運動の特性」，「単元目標」，「評価基準」，「学習指導過程」などの項目を記載する。「運動の特性」では，一般的な特性と生徒からみた特性を記載する。一般的特性には，効果的特性（その運動行った結果から得られる身体的・精神的発達），機能的特性（運動の楽しさや喜びを引き出す魅力），構造的特性（運動の技術的構造）の3つを記載することが多い。また，生徒からみた特性では，学習者から見たその運動に対する興味・関心や技能の習熟度などについて記載する。

　次に，生徒のこれまでの既習経験やレディネスを把握した上で，明確な「単元目標」を設定する（吉永，2010）。単元で生徒に身につけさせたい目標を学習指導要領の内容と照らし合わせ，「知識及び技能」，「思考力，判断力，表現力等」，「学びに向かう力，人間性等」の目標領域ごとに整理する。

　「評価基準」は学習指導要領の目標に照らし，その実現状況を評価するため，各学年及び領域に適した評価基準を設定する。また，近年では，指導と

評価の一体化という観点から，「指導と評価の計画」を単元計画に記載することも多い（渡邊，2009）。

　「学習指導過程」では，単元の目標に対応した学習内容を設定し，それを具体化するための教材を配列したものを表で示す。学習指導過程を作成する際には，単元目標から必要な学習内容を構成することが求められる。学習内容の構成では，学習指導要領解説の例示に示されている項目を参考に教材化し，学習指導過程に落とし込むことが求められる。また，教材を配列する際は，①学習内容の系統性（基本的なものから），②課題の難易性（やさしいものから），③学習者の興味関心の発展性や能力の段階性（動機付けやレディネス）を考慮する必要がある（岩田，2006）。

（3）単位時間計画（学習指導案）

　単位時間計画は，単元における1単位時間（本時）の学習指導や評価の展開を示したものであり，学習指導案（本時案）とも言われる。一般的に，1単位時間の流れを「導入−展開−応用（まとめ）」などの段階ごとに，「学習内容や学習活動」，「教師の支援や評価活動」等が記される（渡邊，2009）。

　単元計画を踏まえて，本時において生徒に身につけさせたい内容を設定し，本時の目標を決める。そして，その目標を達成するため学習内容や指導方法を設定する。また，指導した内容が身についたかを評価する項目を設定する。

　「本時の展開」では1単位時間の学習の流れを詳細に記すことが求められる。時間配分には授業開始から終了までの時間の使い方を記し，学習活動には実際の生徒の活動内容について，何（内容）をどのように（方法），どこで（場所，配置），どんなふうに（学習のポイント）やるのか，生徒を主体として記載する。その際，図や絵を使って生徒の動きや場の設定，ルールなどを詳細に記載する。指導上の留意点には，教師が指導する際の安全管理や指導内容の徹底などの留意すべき点，及び評価の観点を記載する。備考欄があれば，必要となる教具やその数を記載すると良い。単位時間計画ではグループの編成方法，必要な教具の数，教具を配置する場所の把握，学習の場の工夫等，生徒の学びの過程を可視化できるように記すことが重要である。

3．配慮事項

　体育の指導計画を作成するにあたっては，学習指導要領に沿って作成することが基本である。2017・2018（平成29，30年）改訂の学習指導要領（中学校，高等学校）では，主体的・対話的で深い学びの実現に向けた授業改善，日常生活における体育・健康に関する活動が適切かつ継続的に実践できるようにすること，体育や保健の授業時数の配当について，その内容の習熟を図ることができるように配慮すること等が求められ，それに即した指導計画の作成が求められている。また，中学校では，学習活動を行う場合に生じる困難さに応じた指導内容や指導方法の工夫を計画的，組織的に行うこととされている（文部科学省，2018，2019）。

参考文献

岩田靖（2006）「教材づくりの意義と方法」高橋健夫編『体育授業を創る』大修館書店．

文部科学省（2018）『中学校学習指導要領（平成29年告示）解説　保健体育編』東山書房．

文部科学省（2019）『高等学校学習指導要領（平成30年告示）解説　保健体育編　体育編』東山書房．

高橋健夫（1992）「体育の指導計画」宇土正彦ほか編『体育科教育法講義』大修館書店．

渡邉彰（2009）「体育の指導計画」杉山重利・高橋健夫・園山和夫編『保健体育科教育法』大修館書店．

吉永武史（2010）「単元計画（ユニットプラン）の作成」高橋健夫・岡出美則・友添秀則・岩田靖編著『新版 体育科教育学入門』大修館書店．

（荻原朋子）

Q 12　保健・体育理論の学習指導計画の作成方法と配慮事項について述べなさい

1．保健・体育理論の学習指導計画作成の意義

　保健や体育理論の指導計画は，学校の教育目標を達成するために適切に作成する必要がある。保健や体育理論では，学習指導要領に即して，どの内容をどの学年で行うのかが設定されており，それに基づいた学習指導計画を作成する。

2．保健・体育理論の学習指導計画の作成方法

（1）年間計画
　年間計画は，保健や体育理論の目標を達成するために，どのようなまとまり（単元）として，いつ，どのように指導するのかを1年間を通して計画したものである。基本的には体育と保健，そして体育理論を学習指導要領に応じた時間数で年間に適切に配置し，年間計画を作成する。

（2）単元計画
　保健では学習指導要領解説において学習内容がまとまりで示されているため，それを単元として捉えることも可能である。例えば，中学校第1学年の内容では，「(2) 心身の機能の発達と心の健康」を大単元，「(ウ) 身体的機能の発達」を中単元，「ア知的機能，情意機能，社会性の発達」を小単元と捉えることも可能である（今関，2009）。
　体育理論では中学校が3つの大単元，3つの中単元の構成，高等学校が3つの大単元，4つの中単元の構成となっている。例えば，中学校では「(1) 運動やスポーツの多様性」を大単元，「(ア) 運動やスポーツの必要性と楽しさ」を中単元と捉えることができる。

（3）単位時間計画（学習指導案）
　保健では，実際の授業がイメージできるように，学習目標，学習内容，生

徒の学習活動，指導上の留意点，評価方法などを明確に記す。本時の展開では，「導入 − 展開 − 応用（まとめ）」ごとに区切って記入する。

　体育理論では，実際の授業で教えるべき具体的な指導内容を精選することが大切である。学習指導要領解説の文章から，文末表現が「〜を理解できるようにする」と記載されている部分を指導事項とし，授業内で確実に取り上げるようにする（佐藤，2011）。保健や体育理論では指導内容に対して発問を効果的に使用したり，ICT を取り入れるなど教材，学習方法を検討し，本時の展開において授業の流れを作成する。

3．配慮事項

　保健では，内容の取り扱いにおいて授業における配当時間数（中学校 3 年間で 48 時間，高等学校 1，2 年で 2 単位）が決められている（文部科学省，2017，2018）。

　体育理論については，中学校では各学年で 3 単位時間以上，高等学校では各年次で 6 単位時間以上を配当することとされている。体育理論では各領域との関連で指導することが効果的な知識については「知識及び技能」に示し，知識と技能を相互に関連させて学習させることが大切であるとされている（文部科学省，2018，2019）。

参考文献

今関豊一（2009）「保健の指導計画」杉山重利・高橋健夫・園山和夫編『保健体育科教育法』大修館書店.

文部科学省（2018）『中学校学習指導要領（平成 29 年告示）解説　保健体育編』東山書房.

文部科学省（2019）『高等学校学習指導要領（平成 30 年告示）解説　保健体育編　体育編』東山書房.

佐藤豊（2011）「体育理論の授業をつくろう」佐藤豊・友添秀則編『楽しい体育理論の授業をつくろう』大修館書店.

（荻原朋子）

Q 13　体育の教材研究の視点について述べなさい

1．体育の教材とは何か？

　教材という言葉は，小学校から高等学校までの先生あるいは大学の講義でも何気なく使われていたのではないだろうか。では，そもそも体育の「教材」とは何のことを示しているのか。

　岩田（2017, p.125）は，体育の教材について「学習内容を習得するための手段であり，その学習内容の習得をめぐる教授＝学習活動の直接的な対象になるもの」と述べている。学習内容とは，体育に関する知識，技術や戦術，ルールを守ったりチームで協力したりすることで，普段の体育授業で行われていることである。学習内容は，学習指導要領の「三つの柱」である「知識及び技能」「思考力，判断力，表現力等」「学びに向かう力，人間性等」と近似しているとの解釈もできる。例えば，中学校第3学年の球技「知識及び技能」では，知識としての技術の名称や行い方や体力の高め方，技能としての安定したボール操作や空間を作りだすなどの動きについて示されており，「思考力，判断力，表現力等」では，自己の考えたことを他者に伝えること，「学びに向かう力，人間性等」では，互いに助け合い教え合おうとすることなどが具体的に示されている。つまり，体育の教材は，まず「知識及び技能」「思考力，判断力，表現力等」「学びに向かう力，人間性等」について十分に検討することが重要である。

　また，学習指導要領に示された7領域（体つくり運動・器械運動・陸上競技・水泳・球技・武道・ダンス）を手掛かりにすると，中学校第1学年及び第2学年，中学校第3学年と高等学校入学年次，高等学校入学年次の次の年次以降と発達段階に応じて，「三つの柱」が整理されている。すなわち，体育の教材では，生徒の発達段階に応じて学習内容を検討することも大切で，中学校あるいは高等学校の生徒が「やってみよう！」というやる気や意欲をかき立てるような仕掛けづくりが求められる。

（1）体育の教材の変遷

　それでは，学習指導要領の7領域に示されている種目や技そのものはどのような位置付けになるのか。種目や技は，過去に教材とされてきた歴史があり，今でもそのような考えが残っている場合もある。今日では，学習指導要領の7領域に示されている種目や技そのものは，教材を考える際の基となる素材として位置付けられている。体育の教材を検討する際，この素材が原点となる。素材は，いわゆる7領域が基本となるが，スポーツ種目や技といった視点でみると，豊富な素材が存在する。ベースボール型では，一般的にソフトボールが取り上げられるが，クリケットやティーボールも素材として捉えることができる。生徒の実態や地域の特性，学校の施設・設備の状況も踏まえ，まずは素材選びからということになる。

（2）体育の教材と教具

　体育の教具は，普段の体育授業の中で用いられる跳び箱やハンドボールといった物という解釈である。ただし，体育の教材の価値をさらに高めるための物でなければならない。バレーボール1つ取り上げても，国際公認球，鈴入りバレーボール，ソフトバレボール，スポンジ系バレーボール，ボールの号やカラーを変更するといった選択を，体育の教材の検討と合わせて行うことができる。ハードルでも，授業用ハードル，バーがウレタン系のハードル，バーが開くハードル，塩ビパイプやペットボトルで作成する等の工夫が考えられる。また，タブレット端末も教具の一部となる。例えば，ダンスの授業で，タブレット端末を用いて撮影したダンスを生徒自身の課題発見や課題解決につなげるための1つのツールとして活用することが可能である。つまり，体育の教材と教具は密接な関係にあるといえる。

２．体育の教材研究とは何か？

　教材は料理に例えられたりすることがあるが，体育の教材をつくることこそが体育の教材研究（教材構成，教材開発）である。まずは，対象となる体育授業の目的・目標を立てることが大切である。目的・目標に向かってどのような素材がよいのか，素材が決まると，英単語の頭文字からなるいつ・どこ

で・誰が・何を・なぜ・どのようにというフレームワークがあるが（5W1H），それに酷似した検討を重ねていくことになる。どの発達段階が適切なのか，どのような場面設定にするのか，個別なのかグループなのか，何を教えるのか，なぜその練習が必要なのか，どのようにゲームについて説明するのか，吟味する全ての過程が体育の教材研究である。保健体育教師としての重要な事前準備でもあり醍醐味であるともいえる。

　また，学習指導案（形式は様々）に記載する教材観について検討するという作業にも繋がる。バスケットボールとサッカーは同じゴール型になるが，効果的特性（体力に関連すること），機能的特性（運動の楽しさに関連すること），構造的特性（技能の習得に関連すること）には共通する部分もあれば，異なる部分もある。バスケットボールあるいはサッカーでどのような体力が身につくのか，バスケットボールあるいはサッカーという素材がそれぞれ持つ価値は何か，バスケットボールあるいはサッカーでどのよう技能の習得ができるのかという検討することも重要である。このように，体育の教材研究は，より明確な教材観の構築にもつながる。

3．体育の教材の実例や工夫点

　近年，感染症のパンデミックが様々な分野に影響を及ぼしている。そうした事態を踏まえ，中学校体育分野の体つくり運動では，生徒たちが個人や自宅でもできる運動の学習，あるいは生徒たちがこれまで学習した運動を実生活に生かす計画ができるような授業構想をすると，保健体育科の目標の実現が可能な学習となる。感染症は，保健分野で学習することから，保健体育科の目標である心身に対応した，保健分野と体育分野を融合させた授業となる。

　2016年リオデジャネイロオリンピック・パラリンピックで男子4×100mリレーでは，当時100mを9秒台で走る選手が1人もいない日本が銀メダルを獲得した。日本がなぜメダルを獲得することができたのかということをヒントにしてみると，例えば，高等学校科目「体育」の短距離走・リレーではバトンの受渡しに着目して，①渡し方・もらい方，②走り出すタイミング，③受け取る場所，に焦点を当てた授業を構想できる。走者同士で①〜③について話

し合う，あるいはタブレット端末の利活用を通して，①〜③について検討することもできる。オリンピックやパラリンピックについては，体育理論「1 スポーツの文化的特性や現代のスポーツの発展（イ）現代のスポーツの意義や価値」で学習することから，体育理論を融合させた授業も可能となる。

　体育の教材研究は，表5-13-1の工夫点からも深めることができる。これまで数多くの体育の教材が蓄積されている。今後，生徒も保健体育教師もみんなで「やってみよう！」という体育の教材の創出が期待される。

表5-13-1　体育授業の方法における工夫点

学習環境	生徒や学校の施設・設備の実態に合わせた場の設定や教具の活用，生徒の個々の能力に対応した場の設定，生徒が運動学習場面に従事する割合が高まる場の設定。
学習資料	本時の目標／技術のコツ／安全面の注意・留意点／ルール等の掲示物，ホワイトボードの利用，デジタル教材，映像資料，学習カードや授業記録カードの活用と提示。
学習形態	一斉学習，班別学習，グループ別学習，能力別学習，個別学習，様々な学習形態を組み合わせた学習形態。
ルール	個々の能力に配慮したルール変更，生徒の学習経験に応じたルール変更，学習時間を考慮したルール変更，場に応じたルール変更，生徒数に応じたルール変更。
カリキュラム	7領域と生徒の発達段階の双方の視点からの検討，保健と体育の双方の視点からの検討。

（『中学校・高校の体育授業づくり入門』を参考に筆者が整理して作成）

参考文献

岩田靖（2017）「教育行為の目的意識性における教材概念の検討」『体育科教育における教材論』明和出版.

山本理人（2015）「カリキュラムの検討」鈴木秀人・山本理人・佐藤善人・長見真・越川茂喜・小出高義編著『中学校・高校の体育授業づくり入門』学文社.

（山平芳美）

Q14 保健・体育理論の教材研究の視点について述べなさい

1. 保健・体育理論における教材研究とは

(1) 保健・体育理論を学ぶ意味

保健や体育理論の学習といえば，先生が教科書の内容を解説して，生徒がそれをノートやプリントにまとめるといった授業が一般的なイメージではないだろうか。学習指導要領における保健体育科の目標は，「生涯にわたって心身の健康を保持増進し豊かなスポーツライフを継続するための資質・能力を育成すること」である。ここでは，上記の目標を見据えたうえで，教室が主な授業場所であるという特性と，体育実技では教えきれない学習内容の補完という側面を考慮したうえで，教材研究を教材づくりと教材解釈という2つの視点から考えていく。

(2) 教材づくり

教材を開発し作成するために，教材について研究することである。ここでは，その教材が教育的価値（生徒や，その居住地域，社会との関連）を含んでいるか検討し，その授業独自のものとなっていることが重要である。これによって，生徒は学習内容を自身の知識や技能として活用できるものになる。

(3) 教材解釈

教材として形になったものを，授業を想定して研究することである。教材づくりが終わると，その教材から何を学習させるのか明確にすることが重要となる。教材から何を知るべきかという検討，授業での生徒とのやりとりの中で何を教えたいのかという想い等を方法論的な視点から形にしていく。また，生徒が論理的に思考し，それを発信できる学習内容となるようにして，体育実技とは違った深い学習を目指すことが重要である。

2. 教材研究の実例や工夫点

　例えば，中学校保健分野の「(3) 傷害の防止（ウ）自然災害による傷害」では，最近の日本全国で起きている自然災害をふまえて，学校周辺地域のハザードマップを災害別にグループで調べて，その内容を発表するような授業を構想すると，生徒たちの生活に根差した，また生涯にわたって活用できる学習が可能となる。そして，高等学校体育理論の「1 スポーツの文化的特性や現代のスポーツの発展について」では，オリンピック・パラリンピックから，スポーツによる国際親善，経済的な波及効果，多様性の理解や持続可能な社会などを視点にして，オリンピック・パラリンピックを自分たちの都市に招致するプレゼンテーションをグループごとに行うというような授業を構想できる。また，授業方法における工夫点は表5-14-1の視点からも考えられる。

表5-14-1　授業方法における工夫点

発問	生徒の興味・関心の向上や，思考を促すために，場面や発問の種類を吟味することは重要である。
学習手法	ワークシートの記入やグループでの共同作業，発表など色々な手法を駆使することで，更に深い学習が可能となる。
映像資料	DVD 教材や Web で公開されている動画を活用することで，視覚と聴覚の面からも効果的な学習が期待できる。
学校外の組織との連携	教育委員会が主催するオリンピアンを呼んでのスポーツの価値に関する講義，自治体職員の栄養に関する食育教室，消防署員による救急救命講座，警察署員からの交通安全教室などで，学習内容をより実践的なものにすることができる。

(筆者作成)

参考文献

文部科学省（2018）『中学校学習指導要領（平成29年3月告示）』東山書房.
文部科学省（2019）『高等学校学習指導要領（平成30年3月告示）』東山書房.
森良一編（2016）『中学校・高等学校保健科教育法』東洋館出版社.
佐藤豊・友添秀則（2011）『楽しい体育理論の授業をつくろう』大修館書店.

（柴山　慧）

Q 15　保健体育科の教師として求められる資質や能力について述べなさい

　保健体育科の教師に求められる資質や能力について，ここでは①教科（保健体育科）の専門家として求められるもの，②教科以外の体育的活動のリーダーとして求められるもの，の大きく2つの視点から解答したい。

1．教科の専門家として

　まずは，「保健体育」という教科を教える上で，保健体育科の教科の本質，教育的な意義・役割・価値等について十分に理解していることが大前提であり，その上で，体育，スポーツ，保健，安全，などに関する幅広い知識が求められる。例えばスポーツ種目を教材とする場合であれば，そのスポーツの技術特性やルール，さらにはその歴史等についてもおさえておく必要があるだろう。そして，これらの専門的な知識と学習指導要領に記載されている学習内容とを擦り合わせ，授業での教材内容に組み込んでいくための工夫が必要となる。

　次に，授業をつくっていくためには，指導計画の立案能力と授業実践力が不可欠である。指導計画には，年間計画，単元計画，1時間の授業計画の3つの段階があるが，学校の規模，体育施設，子どもたちの実態を考慮しつつ，以上の3つの指導計画を作成し，意図的，計画的に授業を展開させていく必要がある。例えば，体育授業を計画立案し，指導していくためには，子どもの心身の発達的特性や運動学的な知見，さらには各スポーツ種目の体系的な練習方法等を関連付けて捉えられる力が必要であろう。

　特に体育の授業は，子ども同士の関わり合いが多く，さらに能力の差も明確に見えやすい。このことから，体育嫌いや運動嫌いを生み出してしまう可能性もある。そのため，教師は，常に子どもたちを観察し，性格や心理状態を的確に分析・把握しつつ，授業への工夫や配慮をしていくことが重要となるだろう。さらには，授業中の怪我などにも適切に対応できる知識と技能も必要である。

　また，「保健」と「体育」の内容，さらには他教科での学習内容なども踏ま

え，これらを架橋した教材内容を構築していく力も必要になってくるだろう。

2．教科外の体育的活動のリーダーとして

　学校において，「保健体育」という授業時間以外にも，例えば，運動会，体育祭，クラスマッチ，マラソン大会等の「体育的活動」が実施されている。

　あるいは，学校全体で教科の枠を超えて，体力づくり等に取り組むところもあるかもしれない。体育・スポーツを専門にしている保健体育科の教師は，こうした体育的活動や行事においても，その企画や運営において，リーダーシップを発揮していくことが求められるだろう。その際，競技大会での運営などに関わった経験は役立つだろうし，さらに，これらを学校内のイベント向けにアレンジしていくことも必要である。また，こうしたイベントは学年単位，全校単位など大きな規模で行われることも多いため，同僚の教師と協働的に動き，彼らを牽引できるような力も求められるだろう。

　さらには，運動部活動において競技指導ができることや，部を運営できる力も必要となるだろう。運動部活動を指導していくためには，専門的な競技指導の知識や指導力はもちろん，怪我や事故の際の対応力も必要となる。また，気候・気温などに対応した体調・コンディション管理の知識も必要であろう。加えて，保健体育科の教師には，学校全体の部活動を推進していくといった役割も求められ，さらには，地域の競技協会や体育関係団体とも連携していくことなども必要になってくるだろう。

　保健体育を取り巻く状況や科学的な知見は常に変化している。常に学ぶ姿勢を持ち，自分自身を向上させようとする強い気持ちが何より重要であろう。

参考文献

高橋健夫・岡出美則・友添秀則・岩田靖編著（2010）『新版 体育科教育学入門』大修館書店.

杉山重利・佐藤豊・園山和夫編著（2010）『めざそう！保健体育教師』朝日出版社.

（齊藤一彦）

第6章

高校情報科

Q1　情報教育の目標について述べなさい

1．情報活用能力の定義とその3観点

　情報教育の目標とは，情報化した社会の構成員として必須な素養である情報活用能力の育成が目標となっている。情報活用能力を育む教育を情報教育と言う。情報活用能力とは，平成30年改訂高等学校学習指導要領では「世の中の様々な事象を情報とその結び付きとして捉え，情報及び情報技術を適切かつ効果的に活用して，問題を発見・解決したり自分の考えを形成したりしていくために必要な資質・能力」と定義し，「プログラミング的思考，情報モラル，情報セキュリティ，統計等に関する資質・能力等も含むものである」としている。さらに情報活用能力は「各教科等の学びを支える基盤であり，これを確実に育んでいくためには，各教科等の特質に応じて適切な学習場面で育成を図ることが重要であるとともに，そうして育まれた情報活用能力を発揮させることにより，各教科等における主体的・対話的で深い学びへとつながっていくことが一層期待されるものである」とされ，言語能力や問題発見・解決能力と同様に，学習の基盤となる資質・能力として位置付けられ，その重要性が指摘された。

　情報教育の目標の観点を学習指導要領では「情報活用の実践力」「情報の科学的理解」「情報社会に参画する態度」の3つとしている。これは，内容・学習活動の視点からの整理と言える。以下にそれぞれの定義と目標を説明する。

（1）情報活用の実践力

　「情報活用の実践力」とは「課題や目的に応じて情報手段を適切に活用することを含めて，必要な情報を主体的に収集・判断・表現・処理・創造し，受け手の状況などを踏まえて発信・伝達できる能力」と定義される。その定義からも明らかなように，情報教育によって育まれる「情報活用の実践力」とは，単に情報手段が操作できるという意味での「使うことができる」力の育成をすることだけが目標ではない。課題や目的に応じた情報手段の適切な活

用ができることが目標となる。

（2）情報の科学的な理解

「情報の科学的な理解」とは「情報活用の基礎となる情報手段の特性の理解と，情報を適切に扱ったり，自らの情報活用を評価・改善するための基礎的な理論や方法の理解」と定義される。この定義からも明らかなように，情報教育によって育まれる「情報の科学的な理解」とは，単に情報手段の種類，仕組みや特性などについて理解することだけではない。情報に関わるあらゆる学問の中から，情報や情報手段を適切に活用するために必要となる基礎的な理論を理解し，方法を習得するとともに，それらを実践することが目標となる。

（3）情報社会に参画する態度

「情報社会に参画する態度」とは「社会生活の中で情報や情報技術が果たしている役割や及ぼしている影響を理解し，情報モラルの必要性や情報に対する責任について考え，望ましい情報社会の創造に参画しようとする態度」と定義される。社会の情報化が急速に進展する中，私たちが情報化によって享受しているいわゆる情報化の「光」と「影」の部分が人間や社会に与える影響について理解するとともに，それらに適切に対処していくことができる方法などについて習得することによって，情報社会に参画する態度が身に付くのである。そして，その態度を身に付けることが目標となる。情報社会を理解するためには，社会の中で情報や情報技術が果たしている役割を科学的に捉える必要があり，また，情報の科学的な理解の必要性を理解するには，情報社会における様々な問題を認識することが動機付けになる。

　以上の3観点は相互に緊密な関連を持つとともに，他の観点を補完・補強しながら育まれていく。よって，3観点の特性等を理解した上で，相互に関連付けながらバランスよく育んでいくことが，情報教育の目標である。

参考文献

文部科学省（2019）『高等学校学習指導要領（平成30年告示）解説　情報編』開隆堂出版.

（稲垣俊介）

Q2 情報科における教科の目標について述べなさい

1. 情報科で身に付けるべき資質・能力の3つの柱

　情報科の目標は平成30年改訂高等学校学習指導要領に次のように示される。

(1) 情報と情報技術及びこれらを活用して問題を発見・解決する方法について理解を深め技能を習得するとともに，情報社会と人との関わりについての理解を深めるようにする。

(2) 様々な事象を情報とその結び付きとして捉え，問題の発見・解決に向けて情報と情報技術を適切かつ効果的に活用する力を養う。

(3) 情報と情報技術を適切に活用するとともに，情報社会に主体的に参画する態度を養う。

　これらはそれぞれ，(1) 知識及び技能，(2) 思考力，判断力，表現力等，(3) 学びに向かう力，人間性等を示している。知・徳・体にわたる「生きる力」を子供たちに育むため，「何のために学ぶのか」という学習の意義を共有しながら，授業の創意工夫や教材の改善を引き出していけるよう，身に付けるべき資質・能力を3つの柱で整理した。具体的には共通教科情報科では「情報に関する科学的な見方・考え方を重視するとともに，問題の発見・解決に向けて情報と情報技術を適切かつ効果的に活用するための知識及び技能を身に付け，実際に活用する力を養うとともに，情報社会に主体的に参画する態度を養う」ことを目指している。また，「これら個々の資質・能力を相互に関連付けながら，情報化した社会の構成員として必須となる素養である情報活用能力を確実に身に付ける教育の実現を目指すことになる」とした。以下に3つの資質・能力に対する目標を述べる。

(1) 知識及び技能

　情報と情報技術についての知識と技能，情報と情報技術を活用して問題を発見・解決する方法についての知識と技能を身に付けるとともに，情報社会

と人との関わりについては，情報に関する法規や制度及びマナー，個人が果たす役割や責任等について，情報と情報技術の理解と併せて身に付ける。

（2）思考力，判断力，表現力等

　情報に関する科学的な見方・考え方を働かせ，様々な事象を情報とその結び付きの視点から捉え，複数の情報を結び付けて新たな意味を見いだす力を養う。さらに，問題を発見・解決する各段階で情報と情報技術を活用する過程を振り返り改善することで，情報と情報技術を適切かつ効果的に活用する力を養う。

（3）学びに向かう力，人間性等

　情報と情報技術を適切に活用することを通して，法規や制度及びマナーを守ろうとする態度，情報セキュリティを確保しようとする態度などの情報モラルを養い，これらを踏まえて情報と情報技術を活用することで情報社会に主体的に参画する態度を養う。「情報Ⅰ」では，この目標の実現を目指し，「情報Ⅱ」では，参画するだけではなく，発展に寄与することも求めている。

　これらの目標は，すべての生徒が履修する科目である「情報Ⅰ」と，「情報Ⅰ」の履修を前提として選択的に履修される科目である「情報Ⅱ」の目標を包括して示したものであり，教科で身に付けるべき資質・能力の視点から整理されたものである。

参考文献・URL

文部科学省（2019）『高等学校学習指導要領（平成30年告示）解説　情報編』開隆堂出版.

文部科学省（2020）「高等学校情報科「情報Ⅰ」教員研修用教材（本編）」https://www.mext.go.jp/a_menu/shotou/zyouhou/detail/1416756.htm（2020年5月1日閲覧）.

（稲垣 俊介）

Q3 情報科の科目構成について述べなさい

1．共通教科情報科の科目構成

　2018（平成30年）告示高等学校学習指導要領の共通教科情報には「情報Ⅰ」と「情報Ⅱ」の2科目が設定された。「情報Ⅰ」は，共通必履修科目としてすべての生徒が履修するように定められており，問題の発見・解決に向けて，事象を情報との結びつきの視点から捉え，情報技術を適切かつ効果的に活用する力を育成することを目指している。また，「情報Ⅱ」は，「情報Ⅰ」の学習を踏まえ，情報システムや多様なデータを適切かつ効果的に活用する力や，コンテンツを創造する力を育む選択科目として設置されている。なお，専門教科情報の12科目も，普通学科での生徒の学習要求や進路希望等を踏まえ，共通教科情報科の各科目の履修に引き続いて履修させることができる。

（1）「情報Ⅰ」の項目

　科目「情報Ⅰ」では，具体的な問題の発見・解決を行う学習活動を通して，問題の解決に向けて情報と情報技術を活用するための知識と技能を身に付け，情報と情報技術を適切かつ効果的に活用するための力を養い，情報社会に主体的に参画するための資質・能力を育成することをねらいとしている。項目には，（1）情報社会の問題解決，（2）コミュニケーションと情報デザイン，（3）コンピュータとプログラミング，（4）情報通信ネットワークとデータの活用，が設定されている。

（2）「情報Ⅱ」の項目と指導事項

　科目「情報Ⅱ」では，具体的な問題の発見・解決を行う学習活動を通して，問題解決に向けて情報と情報技術を活用するための知識と技能を身に付け，適切かつ効果的，創造的に活用する力を養い，情報社会に主体的に参画し，その発展に寄与するための資質・能力を養うことをねらいとしている。項目には，（1）情報社会の進展と情報技術，（2）コミュニケーションとコンテンツ，

(3) 情報とデータサイエンス, (4) 情報システムとプログラミング, (5) 情報と情報技術を活用した問題解決・発見の探究, が設定されている。

２．情報科の科目構成の変遷

　情報科は，体系的な情報教育の実施や情報活用能力の育成などを目的として，平成11年告示高等学校学習指導要領より新設された教科である。当初は普通教科情報として，情報活用能力に基づいた科目「情報A」「情報B」「情報C」が設定され，生徒の経験や興味・関心の多様性を考慮し１科目を選択履修するよう定められた。

　平成21年告示高等学校学習指導要領では，共通教科情報科として「情報の科学」と「社会と情報」の２科目が設定され，１科目を選択履修するよう定められた。情報手段の活用経験が浅い生徒の履修を想定していた「情報A」を発展的に解消し，「情報の科学的な理解」を主な目標とする「情報B」を「情報の科学」として，また「情報社会に参画する態度」を主に扱う「情報C」を「社会と情報」として改訂し，項目や指導事項などを改めている。

　平成30年告示高等学校学習指導要領における共通教科情報では，設定された２科目のうち「情報Ⅰ」が共通必履修科目となった。すなわち，すべての高校生が学習する情報科の指導事項が定められたことになった。「情報Ⅰ」の項目には，社会的な情勢に影響を受け，プログラミングやデータの活用に関する指導事項が含まれている。

参考文献

文部省（2000）『高等学校学習指導要領解説　情報編』開隆堂出版.

文部科学省（2010）『高等学校学習指導要領解説　情報編』開隆堂出版.

文部科学省（2019）『高等学校学習指導要領（平成30年告示）解説　情報編』開隆堂出版.

（谷田親彦）

Q4　情報科の指導法について述べなさい

1．情報科の各項目における指導法

「情報Ⅰ」における（1）情報社会の問題解決では，情報社会の問題を発見・解決する活動ができるよう指導を行う。情報科の導入として，情報社会における問題解決を取り上げるなど学習のきっかけとなる指導を行う必要がある。具体的には，既にある情報機器や情報技術を調べさせ，情報セキュリティや効率的な動作などを意識した未来の情報機器を提案させることなどが考えられる。その際，中学校技術・家庭科技術分野（以下，技術科）での学習との関連を図り，振り返えらせながら取り組ませることも考えられる。

発展的な内容として情報Ⅱにおける（1）情報社会の進展と情報技術がある。例えば，高齢者の生活における問題をロボットの活用で解決した例を提示し，新しい技術や情報システムの利用方法などを議論させる指導が考えられる。

「情報Ⅰ」における（2）コミュニケーションと情報デザインでは，メディアとコミュニケーション手段及び情報デザインに着目し，目的や状況に応じて受け手に分かりやすく情報を伝える活動ができるよう指導を行う。具体的には，Webページなど情報デザインに関する問題をコンテンツの設計，制作，評価，改善によって解決に指向させる指導が考えられる。設計，制作，評価，改善の場面では，技術科での問題解決学習を振り返らせながら効率よく展開することも考えられる。また，学習者の状況に応じたソフトウェアの選定及び使用方法に関する指導の工夫などに配慮すべきである。

発展的な内容として情報Ⅱにおける（2）コミュニケーションとコンテンツがある。例えば，コンテンツの発信が及ぼす効果や影響を取り上げ，定量的な分析からコンテンツの改善に向けた設計・制作活動が考えられる。

「情報Ⅰ」における（3）コンピュータプログラミングでは，コンピュータで情報が処理される仕組みに着目し，プログラミングやシミュレーションによって問題を発見・解決する活動ができるよう指導する。具体的には，プロ

グラミングによるアプリケーションの開発や，表計算ソフトウェアによる自
然現象や事象についての乱数を用いたシミュレーションなどが考えられる。

　その際，プログラミングやシミュレーションでは，生徒の状況に応じてソ
フトウェアを選定する必要がある。プログラミング言語によっては，数式モ
デルや乱数により条件に応じたシミュレーションができるため，学習者の問
題解決場面に応じて適切に言語選択できるように考慮する。

　発展的な学習として，情報Ⅱにおける（3）情報とデータサイエンスがあ
る。例えば，Webページに掲載されているデータからモデルを分析し，予測
や機械による判断の可否を考えさせる指導が考えられる。

　「情報Ⅰ」における（4）情報通信ネットワークとデータの活用では，情報
通信ネットワークを介して流通するデータに着目し，情報通信ネットワーク
や情報システムにより提供されるサービスを活用し，問題を発見・解決する
活動ができるよう指導する。インターネット上で公開されているデータなど
からデータを集め，傾向を見いださせることが考えられる。また，ネット
ワークを利用したアンケートの作成・収集およびテキストマイニング手法な
どを用いた質的データの分析についても扱うことが考えられる。

　発展的な内容として情報Ⅱにおける（4）情報システムとプログラミング
がある。例えば，Webシステムや計測・制御システムなどを設計・制作させる
指導が考えられる。（5）情報と情報技術を活用した問題発見・解決の探究で
は，情報科の学習のまとめとして情報社会と情報技術に関する問題の発見・
解決に取り組ませることが求められる。

参考文献・URL

文部科学省（2019）『高等学校学習指導要領（平成30年告示）解説　情報
　　　編』開隆堂出版.

文部科学省（2020）「高等学校情報科『情報Ⅰ』教員研修用教材（本編）」
　　　https://www.mext.go.jp/a_menu/shotou/zyouhou/detail/1416756.htm,
　　　（2020年4月18日閲覧）.

（向田識弘）

Q5 情報科の学習評価について述べなさい

1．学習評価の考え方

　学習評価は，学校における教育活動に関し，生徒の学習状況を評価するものである。「生徒にどういった力が身に付いたか」という学習の成果を的確に捉え，教師が指導の改善を図るとともに，生徒自身が自らの学習を振り返って次の学習に向かうことができるようにするためにも，学習評価の在り方は重要であり，教育課程や学習・指導方法の改善と一貫性のある取組を進めることが求められる。

　「学習指導」と「学習評価」は学校の教育活動の根幹であり，教育課程に基づいて組織的かつ計画的に教育活動の質の向上を図るカリキュラム・マネジメントの中核的な役割を担っている。特に指導と評価の一体化の観点からは，新学習指導要領で重視している「主体的・対話的で深い学び」の視点からの授業改善を通して各教科等における資質・能力を確実に育成する上で，学習評価は重要な役割を担っているとされる。

　学習評価について，以下の課題が指摘される。「学期末や学年末の事後的な評価に終始してしまうことが多く，学習評価の結果が児童生徒の学習改善につながっていかない」「現行の「関心・意欲・態度」の観点について，挙手の回数や毎時間ノートをとっているかなど，性格や行動面の傾向が一時的に表出された場面を捉える評価であるような誤解が払拭し切れていない」などがある。これらの課題に応えるために，学習評価の改善について検討を行い，①児童生徒の学習改善につながるものとすること。②教師の指導改善につながるものとすること。③これまで慣行として行われてきたことでも，必要性・妥当性が認められないものは見直していく，などが挙げられていた。

2．情報科の学習評価の考え方

　学習評価は学校全体としての組織的かつ計画的な取組を行うことが重要で

あるとされ，評価規準や評価方法を事前に教師同士で検討し明確化すること
や評価に関する実践事例を蓄積し共有したり，評価結果の検討等をしたりす
ることで，評価に関する教師の力量の向上を図ることができるとされる。し
かし，情報科教師は１校に１人であることも多いので，学校より大きな規模
（都道府県単位など）で実施される研究会などを活用することも考えられる。

　学習評価は，日々の授業の中で生徒の学習状況を適宜把握して指導の改善
に生かすことに重点を置くことが重要であり，観点別学習状況の評価の記録
に用いる評価は，毎回の授業ではなく原則として内容や時間のまとまりごと
に，実現状況を把握できる段階で行うことが考えられる。単元のまとめとし
て，単元全体にわたる学習活動を行う。例えば「情報社会の問題解決」であ
れば，よりよい情報技術の活用や情報社会の構築について，問題の発見から
分析，解決方法の提案，評価，改善など，グループで一連の学習活動を行う
ことが考えられるが，その学習活動を通して観点別学習状況を記録すること
が考えられる。また，その観点別学習状況の評価になじまず個人内評価の対
象となるものについては，生徒が学習したことの意義や価値を実感できるよ
う，日々の教育活動等の中で生徒に伝えることが重要である。特に「学びに
向かう力，人間性等」のうち「感性や思いやり」など生徒一人一人のよい点
や可能性，進歩の状況などを積極的に評価し生徒に伝えることが重要である。

　それぞれの学習活動に対して生徒一人一人に役割を与え，その作業の過程を
含めて評価をして，その評価を生徒に伝え続けることが求められるのである。

　情報科の学習の文脈の中で，生徒一人一人の資質・能力が横断的に育成・発
揮され，それを踏まえた適切な学習評価の工夫が求められているのである。

参考文献

国立教育政策研究所教育課程研究センター（2012）『評価規準の作成，評
　　価方法等の工夫改善のための参考資料【高等学校共通教科「情
　　報」】』教育出版.

（稲垣　俊介）

Q6 情報科における観点別学習状況の評価について述べなさい

1．情報科における観点別学習状況の評価

　情報科における観点別学習状況の評価とは，学習指導要領に示す目標に照らして，その実現状況がどのようなものであるかを観点ごとに評価し，生徒の学習状況を分析的に捉えるものである。

（1）知識及び技能

　「知識及び技能」の評価は，学習の過程を通した個別の知識及び技能の習得状況について評価を行うとともに，それらを既有の知識及び技能と関連付けたり活用したりする中で，概念等として理解したり，技能を習得したりしているかについて評価するものである。情報科において育成を目指す「知識及び技能」の評価の観点は，「情報と情報技術を問題の発見・解決に活用するための知識と技能を身に付け，情報化の進展する社会の特質及びそのような社会と人間との関わりについて理解している」となる。その評価には，事実的な知識の習得を問う問題と，知識の概念的な理解を問う問題とのバランスに配慮したペーパーテストの工夫改善，生徒の文章による説明や，観察・実験，式やグラフでの表現など，実際に知識や技能を用いる場面を設けるなどが考えられる。

（2）思考力，判断力，表現力等

　「思考力，判断力，表現力」の評価は，知識及び技能を活用して課題を解決する等のために必要な思考力，判断力，表現力等を身に付けているかどうかを評価するものである。情報科において育成を目指す「思考力・判断力・表現力」の評価の観点は，「事象を情報とその結び付きの視点から捉え，問題の発見・解決に向けて情報技術を適切かつ効果的に活用している」となる。その評価には，ペーパーテストのみならず，論述やレポート，発表，グループでの話合い，作品の制作や表現等の多様な活動を取り入れたり，それらを

集めたポートフォリオを活用したりするなど，評価方法を工夫することが考えられる。

（3）学びに向かう力，人間性等

「学びに向かう力，人間性」には，①「主体的に学習に取り組む態度」として観点別評価を通じて見取ることができる部分と，②観点別評価や評定にはなじまず個人内評価を通じて見取る部分があることに留意が必要である。「主体的に学習に取り組む態度」の評価に際しては，単に継続的な行動や積極的な発言等を行うなど，性格や行動面の傾向を評価するということではなく，知識及び技能を獲得したり，思考力，判断力，表現力等を身に付けたりするために，自らの学習状況を把握し，学習の進め方について試行錯誤するなど自らの学習を調整しながら，学ぼうとしているかどうかという意思的な側面を評価することが重要である。情報科において育成を目指す「主体的に学習に取り組む態度」の評価の観点は，「情報社会との関わりについて考えながら，問題の発見・解決に向けて主体的に情報及び情報技術を活用し，自ら評価し改善しようとしている」となる。その評価には，「主体的に学習に取り組む態度」に係る評価の観点の趣旨に照らして，①知識及び技能を獲得したり，思考力，判断力，表現力等を身に付けたりすることに向けた粘り強い取組を行おうとしている側面，②①の粘り強い取組の中で，自らの学習を調整しようとする側面という2つの側面を評価することが求められる。

参考文献・URL

国立教育政策研究所教育課程センター（2012）『評価規準の作成，評価方法等の工夫改善のための参考資料【高等学校共通教科「情報」】』教育出版．

中央教育審議会初等中等教育分科会教育課程部会（2019）「児童生徒の学習評価の在り方について（報告）」https://www.mext.go.jp/component/b_menu/shingi/toushin/__icsFiles/afieldfile/2019/04/17/1415602_1_1_1.pdf.

（稲垣俊介）

Q7 情報科の固有な「見方・考え方」について述べなさい

1. 情報科の固有な「見方・考え方」とは

　情報科の固有な「見方・考え方」について，共通教科情報科では，「情報に関する科学的な見方・考え方」として「事象を，情報とその結び付きとして捉え，情報技術の適切かつ効果的な活用により，新たな情報に再構成すること」と整理されている。また，専門教科情報科では，「情報産業に関する事象を，情報技術を用いた問題解決の視点で捉え，情報の科学的理解に基づいた情報技術の適切かつ効果的な活用と関連付けること」と整理されている。

　情報科はコンピュータや情報社会についてだけでなく，問題の発見・解決の過程や手法そのものを学ぶ教科とされている。よって，情報科の「見方」とは「世界をどのようにとらえるか」ということであり「事象をそのままの形ではなく，抽象化して情報とその結びつきとして把握」することが求められる。また，情報科の「考え方」とは「どのような枠組みで試行するか」ということであり「見通しをもった試行錯誤と評価・改善とを重ねながら，問題の発見・解決に向けた情報技術の適切かつ効果的な選択・活用を探求することを通して，新たな情報に再構成する」こととされている。

2. 情報科の「見方・考え方」の位置づけ

　情報科の「見方・考え方」は，「情報に関する科学的な見方や考え方」として教科の目標に位置付けられたり，評価の観点の名称として用いられたりしてきた。「見方・考え方」を働かせた学習活動を通して，情報科の教育の目標に示す資質・能力の育成を目指すこととしている。共通教科情報科は，情報教育の中核であるから，中学校の関連する教科等との縦の連携，高等学校の他教科等との横の連携も極めて重要であるとしている。

3．情報科の固有な「見方・考え方」を働かせた学び

　「主体的・対話的で深い学び」の実現に向けた授業改善を進めるに当たり，特に「深い学び」の視点に関して，学びの深まりの鍵となるのが「見方・考え方」である。情報科の特質に応じた物事を捉える視点や考え方である「見方・考え方」を，習得・活用・探究という学びの過程の中で働かせることを通じて，より質の高い深い学びにつなげる。「見方・考え方」を働かせた「深い学び」とは，具体的な問題の発見・解決に取り組むことを通して，日常生活においてそうした問題の発見・解決を行っていることを認識し，その過程や方法を意識して考えるとともに，その過程における情報技術の適切かつ効果的な活用を探究していく中で「見方・考え方」を働かせ成長させること，それとともに，情報技術を活用し，試行錯誤して目的を達成することにより，情報や情報技術等に関する概念化された知識，問題の発見・解決に情報技術を活用する力や情報社会との適切な関わりについて考え主体的に参画しようとする態度などといった資質・能力を獲得していくことであると考えられる。

　情報科の学習では，「情報に関する科学的な見方・考え方」を働かせながら，知識及び技能を習得したり，習得した知識及び技能を活用して探究したりすることにより，生きて働く知識となり，技能の習熟につながるとともに，より広い範囲や複雑な事象を基に思考・判断・表現できる力や，自らの学びを振り返って次の学びに向かおうとする力などが育成され，このような学習を通じて，情報科に固有な「情報に関する科学的な見方・考え方」が更に豊かで確かなものになっていくと考えられる。

参考文献

文部科学省（2019）『高等学校学習指導要領（平成30年告示）解説　情報編』開隆堂出版.

中央教育審議会（2016）「幼稚園，小学校，中学校，高等学校及び特別支援学校の学習指導要領等の改善及び必要な方策等について（答申）」https://www.mext.go.jp/b_menu/shingi/chukyo/chukyo0/toushin/1380731.htm（2020年5月1日閲覧）.　　　　　　　　　　　　　　　（稲垣俊介）

Q8 情報科における学習指導計画の配慮事項について述べなさい

1．情報科における学習指導計画の作成上の配慮事項

（1）主体的・対話的で深い学びの実現に向けた授業改善

「知識及び技能」が習得されること，「思考力，判断力，表現力」等を育成すること，「学びに向かう力，人間性等」を涵養することが偏りなく実現されるよう，単元や題材などの内容や時間のまとまりを見通しながら，主体的・対話的で深い学びの実現に向けた授業改善を行うことが重要である。

（2）情報活用能力を更に高めるとともに他の各教科・科目等との連携

指導計画の作成に当たり，履修年次を考慮する，指導内容の実施時期について相互に関連付けながら決定する，教材等を共有する，学習課題と情報手段を活用した学習活動と実習の有機的な関連を図るといった工夫が必要である。

（3）科目の履修に関する配慮事項

各科目は，原則として同一年次で履修させ，「情報Ⅱ」については，「情報Ⅰ」を履修した後に履修させることを原則としている。

（4）他教科等との関連

特に，公民科及び数学科については，情報教育についての特段の配慮や情報科との連携が明記されるなど，他の教科・科目にはない取扱いがなされている。よって教科の目標に即した調和のとれた指導が求められる。

（5）障害のある生徒などへの指導

生じる困難さに応じた指導内容や指導方法の工夫を計画的，組織的に行うこととしている。個別の指導計画を作成し，必要な配慮を記載し，他教科等の担任と共有したり，翌年度の担任等に引き継いだりすることが必要である。

2．情報科の内容の取扱いに当たっての配慮事項

（1）科学的な理解に基づく情報モラルの育成

情報の信頼性や信憑性を見極めたり確保したりする能力については，知的財産や個人情報の保護の目的の理解や，科学的な理解に基づく情報モラルの育成が求められる。具体的には，他の情報と組み合わせる，情報源を整理する，情報を比較するなどが考えられる。

（2）言語活動

情報と情報技術を活用した問題の発見・解決を行う過程で，認識した情報を基に思考する場面として考察や解釈，概念の形成などの言語活動を行う。具体的には，図やグラフ，プログラミングなどを用いた表現や情報通信ネットワークの特性を生かして考えを伝え合う活動の充実などが考えられる。

（3）実践的な能力と態度の育成

学習活動を通して身に付けた知識と技能を生徒の学校生活や社会生活で生きて働く力として，様々な場面で活用できる実践的な能力と態度を育成する。具体的には，問題を発見し，設計，制作，実行を体験するなどが考えられる。

（4）情報機器の活用等に関する配慮事項

各科目とも総授業時数に占める実習に配当する授業時数の割合を明示していない。しかし，情報活用能力を確実に身に付けるためには，問題解決の過程で情報手段を活用することが不可欠であると考えられる。

（5）生徒が自らの健康に留意し望ましい習慣を身に付けること

生徒が学習環境を整え，望ましい習慣で情報機器を活用するようにするには，生徒自らが考え，その意義を理解することが大切である。

（6）情報技術の進展に対応して適宜見直しを図ること

情報技術の進展により，数年先には標準でなくなる可能性もあるので，授業で扱う具体例，教材・教具などは適宜見直す必要がある。

参考文献

文部科学省（2019）『高等学校学習指導要領（平成30年告示）解説　情報編』開隆堂出版.
　　　　　　　　　　　　　　　　　　　　　　　　　　　　（稲垣俊介）

Q9 情報科の「学習指導案」の作成について述べなさい

1. 「学習指導案」とは

　学習指導案は，授業を行う際に立てる指導計画を記述したものであり，授業のシナリオである。学習指導案には厳密な形式が決まっている訳ではないが一定の形式があり，「単元名」「目標」「教科書及び副教材」「学校（学級）の状況（学校規模等）」「生徒観」「単元観」「教材観」「評価規準」「指導と評価の計画」「観点別評価」「本時の学習指導案」など，学習指導を進める上で考えるべき重要な内容が含まれている。学習指導案は授業の質を高めるため，他者が授業を理解するため，授業を記録するため等に役立つ。よって，授業や研究に役立つ機能的な学習指導案を作成することは，より良い授業を作ることへの足掛かりとなる。生徒に高い学力を身に付けさせることにつながるような授業を検討し，実施するために非常に重要であると言える。

　学習指導案の作成の流れは，「年間計画」の作成をし，実時間に合わせて具体的な単元を割り振っていく。次に単元における時数を確認し「年間計画の再調整」をする。その際に，単元ごとのバランスを検討する。次にそれぞれの単元の「目標」と「評価規準」の作成をし，さらに実際の授業をイメージした実際の学習に即した具体の「評価規準」を検討する。そして，どのように指導と評価を行うかを検討し「指導と評価の計画」を立てる。そして，指導のポイントを押さえた，当日の授業の流れとなる「本時の学習指導案」を作成する。

2. 「授業の指導案」の作成の詳細

　項目は「日時」「1. 科目及び単元名」「2. 目標」「3. 使用教科書及び副教材」「4. 学校・生徒の概況と授業」「5. 指導と評価の展開」「6. 本時の学習指導案」の7項目からなり，それぞれの項目において記すべき内容についての説明をする。さらに形式の例を図6-9-1〜3に示す。

	知識・技能	思考力・判断力・表現力	主体的に学習に取り組む態度
単元の評価規準	・～理解する。 ・～身に付ける。	・～考える。 ・～判断する。 ・～表現する。	・～しようとする。
学習に即した具体的な評価規準	① 「単元の評価規準」と「学習に即した具体的な評価規準」を記す。 ② 「学習に即した具体的な評価規準」には，生徒が学習をした（望 ③ ましい）結果を記す。また，文の語尾は例を参考に記述する。		

図6-9-1　「評価規準」の形式例（筆者作成）

　タイトルは「高等学校情報科　学習指導案」とする。授業実施校と授業実施者の職名・氏名を記入し，氏名の横に押印する。教育実習等では指導教諭名も記載する。日時は実際に授業を行う日付，何校時目か，その時間を記す。
　「1. 科目名及び単元名」は学習指導要領に対応する単元名を記入する。
　「2. 目標」は学習指導要領に対応する目標を記入する。
　「3. 教科書及び副教材」は具体的な教科書及び副教材名を記入し教科書の対応する章を記入する。
　「4. 学校・生徒の状況と授業」は (1) 学校規模，(2) カリキュラム，(3) 生徒観，(4) 単元観，(5) 教材観を記す。「(1) 学校規模」には実際に指導する学年のクラスと人数，「(2) カリキュラム」には指導する学校のカリキュラムを記す。「(3) 生徒観」には実際に指導する生徒の様子を記す。高等学校は，学校によって生徒の状況が異なるため，どのような生徒に対して指導するのかを示す必要がある。「(4) 単元観」には前後の内容のつながりや単元どうしの関連などを示すことにより，今までどのような学習を行ってきたのか，また，この単元を学習した後にどのような内容を学習していくのか等を記す。つまり，この授業の単元が全体の中でどのような位置づけとなっているのかを示す。他教科との連携などがあれば，ここに記す。「(5) 教材観」には生徒の実態に合わせた教材とするための工夫について簡単に記す。特に生徒観や単元観を受けて，どのように活用しているかを示し，さらに目標に到達するための効果的な活用方法について記す。

時間	学習活動	学び方			評価規準との関連			評価の方法
		主	対	深	知	思	主	
1次 （1時限） 【本時】	○問題解決の方法 ・問題解決の方法の例示 ・討論（班活動）	○	○	○	①			◇ワークシート
						①		◇発表観察
							①	◇行動観察
2次	○問題解決の実践		○			②		◇成果物

「学び方」はその時限において，特にどのような学習活動（主：主体的な学び，対：対話的な学び，深：深い学び）に重きをおいているのかを○で示す。「評価規準との関連」はその時限において「知識・技能」「思考力・判断力・表現力」「主体的に学習に取り組む態度」をどのように評価するのかを，次項「(3) 観点別評価の進め方」に対応させて示す。

図6-9-2 「指導と評価の計画」の形式例（筆者作成）

「5. 指導と評価の展開」では (1) 評価規準，(2) 指導と評価の計画，(3) 観点別評価の進め方を記す。(1) 評価規準は，「単元の評価規準」と「学習に即した具体的な評価規準」を記す。「学習に即した具体的な評価規準」には，生徒が学習をした（望ましい）結果を記す。また，文の語尾は例を参考に記述する。形式や表現の例を図6-9-1に記載する。(2) 指導と評価の計画は，「時間」には「いつ」授業を行うのかを記し，実際に授業をする時間に【本時】と記す。「学習活動」には生徒が行う学習の活動を記し，「学び方」はその時限の学習活動を○で示す。「評価規準との関連」はその時限において「知識・技能」「思考力・判断力・表現力」「主体的に学習に取り組む態度」をどのように評価するのかを示す。「評価の方法」には，それぞれの評価規準を「どのように」「何を使って」評価をするのか記す。形式や表現の例を図6-9-2に記載する。(3) 観点別評価は「指導と評価の計画」における「評価の方法」を具体的にまとめる。「何次」の「どの場面」において評価をするのかについて明示をして，具体的にどのように，観点別評価を実施するのかを記す。「学習に即した評価規準」は観点ごとに記入をする。「評価」には，それぞれの観点別評価の規準に対する生徒の姿や手だての内容を具体的に記す。形式や表現の例を図6-9-3に記載する。

学習活動に即した評価規準	評価	
	「十分満足できると判断される」状況（A）と評価される具体例	「努力を要すると判断される」状況（C）と評価される生徒の指導の手だて
【知識・技能】①・・・・	「学習に即した評価規準」には観点ごとに記入をする。その際に (1) 評価規準，(2) 指導と評価の計画の①，②…の内容に合わせて具体的に記す。「評価」には，それぞれの観点別評価の規準に対してAの生徒の姿を具体的に明示し，さらにBに達していない，つまりCである生徒への手だての内容を具体的に記す。	
【思考力・判断力・表現力】		
【主体的に学習に取り組む態度】		

図6-9-3　「観点別評価」の形式例（筆者作成）

「6．本時の学習指導案」では (1) 本時の内容，(2) 本時の目標，(3) 対象クラス，(4) 時間数，(5) 学習指導案を記す。「(5) 学習指導案」には「導入・展開・まとめ」とった授業展開と，実際の「時間」を記す。また「内容」「生徒の活動」「指導上の留意点」「評価の観点と方法」を記す。「内容」には指導内容と，教員による発問の内容も簡単に記す。「生徒の活動」には生徒の立場で記入をする。よって，「〜させる」ではなく「〜する」という表現にする。具体的な記述を心がけ，生徒の様子や教員の発問に対して想定される生徒の回答を記す。「指導上の留意点」には教員の立場で記入をする。よって，「〜する」ではなく「〜させる」という表現にする。具体的な指導方法等を記す。「評価の観点と方法」には，学習活動に即した評価規準に則り評価する場面や評価の方法を「5．(2) 指導と評価の計画」に対応させて記入する。

参考文献

国立教育政策研究所教育課程研究センター（2012）『評価規準の作成，評価方法等の工夫改善のための参考資料：高等学校共通教科「情報」』教育出版．

文部科学省（2019）『高等学校学習指導要領（平成30年告示）解説　情報編』開隆堂出版．

（稲垣俊介）

Q 10　情報科の教材研究の視点について述べなさい

1．情報科における教材研究

　情報科では，情報に関する科学的な見方・考え方を重視しつつ，情報科学や情報技術を基礎とした幅広い学習内容を取り扱う。しかしながら，ブラックボックス化された情報機器を利用した実習を行うだけでは，情報の科学的な理解に基づいた情報活用能力は身につかない。教材研究においては，いかに目で見ることのできない情報技術やその仕組みを直感的に理解できるかという視点が重要である。

　また，主体的・対話的で深い学びの授業を実現するために，試行錯誤を行いながら，協調的に学習できるような教材が求められる。情報科では，情報機器を用いた実習が多く行われるが，複雑な操作を求められるため，試行錯誤が容易には行えない実習もある。教材研究においては，直感的な操作で容易に試行錯誤が行えるような視点が重要である。

2．教材例「IP アドレス学習教材」

　情報科では，ネットワークの仕組みについて学習することになっている。しかしながら，ネットワーク構築をするために必要な設定や通信の確認は，通常のコンピュータでは敷居が高く，実習を行うのは難しい。さらに，社会のインフラであるネットワークは，我々が通常目にしないところで働いているため，ネットワークに対する実感が乏しく，具体的なイメージがしにくい。

　そこで，前述した情報科における教材研究の視点を踏まえ，ネットワークの仕組みの中でも，特に重要であるIPアドレスを学習するための教材を開発した。開発した教材を図6-10-1に示す。

　通常，コンピュータで通信の様子を確認する場合，キーボードで特殊なコマンドを打つ必要があり，IPアドレスの設定も，同様に複雑な操作をしなければならない。本教材は，2台の教材をLANケーブルで接続し，IPア

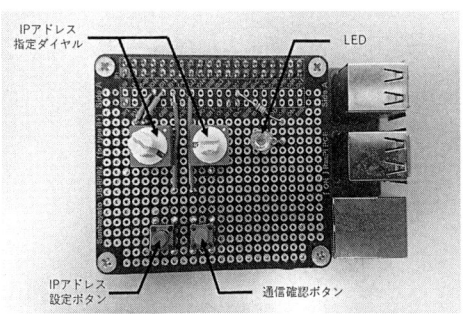

図6-10-1　IPアドレス学習教材

ドレスの設定を2つのダイヤルとボタンで設定し，通信の確認をLEDの点
灯で行うことができる。目で見えない通信の様子をLEDの点灯で表現する
ことで，直感的に通信したことを確認することができ，IPアドレスをダイ
ヤルとボタンを用いた単純な操作で直感的に設定することができる。

　本教材では，直感的な可視化と直感的な操作を取り入れることで，ネット
ワークの構築実験を容易に行うことができる。短時間で何度もIPアドレス
の設定や通信の確認ができるので，IPアドレスの構造や通信を行うための
ルールを試行錯誤しながら実践的に確認することができる。

参考文献

文部科学省（2019）『高等学校学習指導要領（平成30年告知）解説　情報
　　編』開隆堂出版.

吉原和明・井口信和・渡辺健次（2018）「物理的可視化と物理的直接操作によ
　　るIPアドレスの仕組みを学習するための教材の開発と評価」『日
　　本産業技術教育学会誌』60（2），pp.73-80.

（吉原和明）

Q11 情報科の教師としての資質や能力について述べなさい

1. 共通教科情報に関する専門的知識・技能

　共通教科情報に関係する学問分野は多岐にわたるが，ここでは科目「情報Ⅰ」と「情報Ⅱ」の項目・学習事項を踏まえて，情報科の教員に求められる専門的知識・技能について分類して述べる。なお，この分類の仕方は1つの視点からであり絶対的なものではない。

（1）情報工学に関する知識

　情報工学に関してはプログラミング，データベース，モデル化とシミュレーションなどに関する知識が必要である。プログラミングに関しては，アルゴリズムを表現する方法，データやプログラムの構造，外部のプログラムとの連携，プログラミング言語の構文，デバッグの方法などの理解が必要である。データベースに関しては，情報システムにおけるデータの位置付け，データを蓄積，管理，提供するデータベースの技術的な特徴についての理解が必要である。モデル化とシミュレーションに関しては，事象を図や数式などにモデル化・表現してシミュレーションを行う方法などの理解が必要である。

（2）情報コンテンツに関する知識

　情報コンテンツに関しては情報デザイン，コンテンツなどに関する知識が必要である。情報デザインに関しては，情報の表現，伝達，記録などに使われるメディアの特性や，コミュニケーション手段の特徴などに関する理解が必要である。コンテンツに関しては，送り手と受け手の組み合わせによるコミュニケーションの多様な形態，メディアの同期性・非同期性などの特徴，コンテンツを配信する方法などの理解が必要である。

（3）コンピュータ・システムに関する知識

　コンピュータ・システムに関しては，コンピュータの仕組み，ネットワーク，情報システムに関する知識が必要である。コンピュータの仕組みに関し

ては，情報のデジタル化，基本的な構成や演算，コンピュータ内部でのプログラムやデータの扱い方などに関する理解が必要である。ネットワークに関しては，情報通信ネットワークを構成するクライアントやサーバ，ハブ，ルータなどの構成要素の役割などに関する理解が必要である。情報システムに関しては，情報システムの処理の仕組み，情報システムを構成する情報技術，求められる機能・性能をもつ情報システムを企画・設計・実装する方法などに関する理解が必要である。

（4）情報科学に関する知識

情報科学に関しては，ビッグデータや人工知能に関する知識が必要である。ビッグデータに関しては，社会における大量のデータを活用する必要性，機械学習などから生成されるデータの新たな価値，データを活用したサービス及び製品の仕組みや役割などについて理解する必要がある。人工知能に関しては，画像認識や翻訳などの機械学習を活用した様々な製品やサービスの仕組みや方法に関する理解が必要である。

（5）情報の活用に関する知識

情報の活用に関しては，情報に関わる法規，情報技術と人間・社会との関係，情報技術の歴史と発展などに関する理解が必要である。

（6）教科「情報」に関する技能

上記に関する知識を総合し，社会，産業，生活，自然等の事象に関係する問題を，情報と情報技術を適切かつ効果的に活用して解決できる技能が必要である。この際には，情報モラルに配慮することや情報セキュリティを確保した情報システムなどを構築できる力が求められる。

参考文献

安藤明伸（2017）「情報・システム・制御技術における最新の教科専門分野の動向を取り入れた内容論」『科学研究費助成事業（基盤研究（B））技術科教育課程編成における最新の教科専門分野の動向を取り入れた内容論的研究報告書』pp.55-64.

（谷田親彦）

Q 12　情報科の教師としての実践的な指導力と，これからの情報科の教師に求められる指導力について述べなさい

1．情報科の教師としての実践的な指導力

　教師の実践的な指導力として，新たな学びを展開できることが求められており，その1つに「主体的・対話的で深い学び」の実現に向けた指導がある。それを踏まえて，情報科の教師に求められる実践的な指導力について述べる。

（1）主体的な学びの指導

　見通しをもって試行錯誤することを通して自らの情報活用を振り返り，評価・改善して，次の問題解決に取り組ませること。さらに，生徒に達成感を味わわせ学習に取り組む意欲を高めたり，個々の興味・関心や能力・適性に応じてより進んだ課題に取り組ませたりする指導である。

（2）対話的な学びの指導

　生徒が協働して問題の発見・解決に取り組んだり，互いに評価し合ったりすることを通して，情報技術のより効果的な活用を志向し探究したり，産業の現場など実社会の人々と関わるなどして現実の問題解決に情報技術を活用することの有効性を，実感をもって理解できるようにする指導である。

（3）深い学びの指導

　具体的な問題の発見・解決に取り組ませることで，日常生活においてそうした問題の発見・解決を行っていることを認識させ，その過程や方法を意識して考えさせる。さらに，その過程における情報技術の適切かつ効果的な活用を探究していく中で「見方・考え方」を豊かで確かなものとさせる指導である。特に生徒が学習や人生において「見方・考え方」を自在に働かせることができるようにすることにこそ，教師の専門性が発揮されることが求められている。

２．これからの情報科の教師に求められる指導力

これからの情報科の教師に求められる指導力について，ここでは大きく３つ挙げる。

（１）不易な指導力

教科・教職に関する専門的知識とその実践的指導力などが挙げられるが，これらは不易な指導力として，今後も情報科の教師を含むすべての教師に求められる能力である。

（２）時代の変化に合わせた指導力

情報科は変化の激しい情報社会を取り扱い指導するために，時代の変化に応じた指導力が求められる。そのため，それに必要な資質能力を生涯にわたって高める姿勢が求められる。また，探究心や学び続ける意識を常に持って，情報を適切に収集し，選択し活用する能力や，知識を有機的に結びつける力が求められる。

（３）新たな課題に対応できる指導力

学校を取り巻く課題は多種多様であるが，時代の変化による新たな課題が生まれており，それに対応できる指導力が求められる。例えばいじめなどは従来からの課題ではあるが，インターネットを介したいわゆる「ネットいじめ」が新たな課題となっており，情報科としての指導力が求められる。

参考文献

中央教育審議会（2015）「これからの学校教育を担う教員の資質能力の向上について 〜学び合い，高め合う教員育成コミュニティの構築に向けて〜（答申）」https://www.mext.go.jp/b_menu/shingi/chukyo/chukyo0/toushin/1365665.htm（2020年9月30日閲覧）.

文部科学省（2019）『高等学校学習指導要領（平成30年告示）解説　情報編』開隆堂出版.

（稲垣俊介）

第7章

総合的な学習／探究の時間

Q1 総合的な学習／探究の時間の目的・目標と意義は何か述べなさい

1．総合的な学習の時間の目標

　中学校における「総合的な学習の時間」の目標について，文部科学省（2018）は「探究的な見方・考え方を働かせ，横断的・総合的な学習を行うことを通して，よりよく課題を解決し，自己の生き方を考えていくための資質・能力」を育成することとしている。この目標は，「探究的な見方・考え方を働かせ，横断的・総合的な学習を行う」学習過程と，「よりよく課題を解決し，自己の生き方を考えていくための資質・能力」を育成するという学習目的の2点から構成されている。

2．総合的な学習の時間の学習過程と学習目的

　前者の学習過程は，各教科等における見方・考え方を総合的に活用して実社会・実生活の中の課題を探究する－問題解決的な活動を発展的に繰り返す－ものである。このカリキュラムの特質である「探究」とは，①日常生活や社会のなかに疑問や課題を見出し，②具体的な問題について情報を収集し，③情報を整理・分析し，知識・技能に関連づけたり意見を出し合ったりして問題解決に取り組み，④導き出された考えや意見をまとめ，表現し，そこから発展的な課題を見出し再び問題解決に向かうという，物事の本質を探り見極めようとする一連の学習活動を意味している。

　物事の本質に迫るためには，生徒自身が，各教科等で学習した個別具体的な知識や事実を関連化・構造化するなどして，概念を形成する必要がある。この過程を大切にするため，生徒自身の関心から探究課題を設定することとなっており，決まった教科書はない。それゆえ各学校は，学校や生徒，地域等の実態や特性に応じて総合的な学習の時間の目標と内容を独自に定め，創意工夫をもって上記学習過程を実現しなければならない。

　後者の学習目的は，上記の学習過程を通じて，生徒らが実社会・実生活のよりよい課題解決に向けた指針を得るとともに，その解決過程に参画するための自己の生き方を考えられるようになることを目指すものである。解決の道筋が明確でない問題についても，多様な立場や視点から意見を出し合い粘り強く解決に向かうためには，生徒たちの主体的かつ協働的な取り組みが必須である。そうした取り組みを促し，適切に振り返ることで，他者と協働しながらよりよい課題解決を目指す態度や必要な資質・能力が高まり，新たな課題解決にも自己の生き方や役割を意識して主体的に参画できるようになるだろう。この意味で，この学習目的はキャリア教育の理念と密接にかかわっており，また高等学校「総合的な探究の時間」にもつながっている。

３．総合的な学習の時間の意義

　以上の学習過程と学習目的を特質とする総合的な学習の時間の意義は，目標に示された資質・能力の育成のみならず，他の教育課程等と関連しながら学校教育全体の充実に資する点にも見出される。まず，各教科等の見方・考え方を横断的・総合的に活用することから，総合的な学習の時間は各学校のカリキュラム・マネジメントにおいて中核的な機能を果たすことになる。このことは，各学校における総合的な学習の時間の目標が，各学校の教育目標を十分ふまえたものであることを求めている。

　加えて，総合的な学習の時間の充実は，学校教育の理念と方向性を示すキャリア教育（中央教育審議会2011）の充実につながる。たとえば，職場体験活動などを通じて職業や自己の将来に関する課題を探究し，その成果から自己の生き方を考える活動は，社会のなかでの自己の役割を見出し，自分らしい生き方を実現していく過程としてのキャリア発達を直接的に促す。学級・学校の課題解決を行う特別活動と異なり，実生活・実社会の課題探究からキャリア発達をうながす点に，総合的な学習の時間の固有の意義がある。

４．高等学校「総合的な探究の時間」への接続・発展

　高等学校「総合的な学習の時間」は2018（平成30）年度に「総合的な探

究の時間」と変更された。変更後の目標は，「探究の見方・考え方を働かせ，横断的・総合的な学習を行うことを通して，自己の在り方生き方を考えながら，よりよく課題を発見し解決していくための資質・能力」を育成することにある（文部科学省2019）。

中学校「総合的な学習の時間」の目標と比較すると，キーワードには共通性があるが，「自己の生き方（在り方生き方）」と「よりよく課題を（発見し）解決し」ていくことの順序が逆になっている。初等中等教育の総仕上げ段階である高等学校では，課題解決から自己の生き方を考えた中学校までの学習を発展させて，自己のキャリア形成の方向性（在り方生き方）と関連づけながら課題を発見し，解決するための資質・能力の育成が目指されている。

この目標を実現するためには，実生活や実社会のなかの諸課題は自身のキャリア形成と不可分であるという認識や，主体的・協働的に社会参画しようとする態度が，生徒自身に必要である。つまり，中学校までの探究的な学習の成果が，高等学校における探究の前提になっている。このような連続性や独自性は，校種をまたいだ体系的なキャリア教育により一人一人のキャリア発達を段階的に促す（中央教育審議会2011）うえでも重要である。

以上より，総合的な学習／探究の時間には，教科・領域間や校種間の共通性・連続性と固有性・独自性を適切にふまえた指導が求められる。

参考文献・URL

中央教育審議会（2011）『今後の学校におけるキャリア教育・職業教育の在り方について（答申）』https://www.mext.go.jp/component/b_menu/shingi/toushin/__icsFiles/afieldfile/2011/02/01/1301878_1_1.pdf（2021年9月24日最終閲覧）.

文部科学省（2018）『中学校学習指導要領（平成29年告示）解説　総合的な学習の時間編』東山書房.

文部科学省（2019）『高等学校学習指導要領（平成30年告示）解説　総合的な探究の時間編』学校図書.

（尾川満宏）

Q2　総合的な学習／探究の時間のカリキュラムと指導法について述べなさい

1．総合的な学習の時間のカリキュラム

　学習指導要領，および解説によれば，総合的な学習の時間では１）地域や学校，児童生徒の実態に応じた教育内容，２）教科等の枠を越えた横断的・総合的な学習とすること，３）探究的な学習や共同的な学習とすることが重視されている。なかでも重要なのが「探究的な学習」である。探究的な学習とは，「①課題の設定→②情報の収集→③整理・分析→④まとめ・表現」というプロセスを発展的に繰り返しながら行う学習とされる。つまり，生徒が自身で発見，設定した課題に対し，それに関連する文献や報道資料等を収集，整理するとともに，それらを批判的，分析的に検討し，その成果をまとめ，報告する。この一連の過程が探究的な学習である。この学習はたんに直線的に進むのではなく，批判的，分析的な検討の後，必要であれば，課題を再検討し，資料を整理し直すなどの過程を何度も繰り返しながら進められる。

　また，情報の収集，整理・分析には多方面との連携が求められる。その１つは各教科との関連である。各教科での既習内容ばかりでなく，学習の過程や方法など踏み込んだ内容での連携が求められる場合もある。また，学校図書館の利用など学校内の施設を利用することも重要である。さらに，学校外の図書館や公民館，博物館などの公的な施設ばかりでなく，必要があれば企業や民間団体などの協力を得ることも必要とされよう。このように総合的な学習の時間では，内容と活動のいずれにおいても一面的に課題を検討するのではなく，多面的，複眼的な思考による検討が求められる。

　したがって，カリキュラム，および指導計画の作成に際しては，直線的，一面的にならないような配慮が望まれる。生徒が自身の学習を振り返り，資料等を再検討する過程が，カリキュラムに組み込まれなければならない。この点で，単元が整理され，系統的な学習内容が並べられた他教科と総合的な

学習の時間は異なっていると言えよう。

　それでは，具体的にどのような内容の課題が設定されるべきだろうか。もっとも重要なのは，学校や生徒の実態に応じ，生徒の自発的な関心に基づいて課題を設定することである。総合的な学習の時間の目標に照らしながら，生徒自身が課題を見つけるような工夫が求められる。

　具体的には学習指導要領，および解説には大きく次の4点があげられている。1）現代的な諸課題に対応する横断的・総合的な課題。これは国際理解，情報，環境，福祉・健康などに関する課題とされる。2）地域や学校の特色に応じた課題。町づくり，伝統文化，地域経済，防災などである。3）生徒の興味・関心に基づく課題。生徒それぞれおの発達段階に応じた興味・関心に関わるものである。4）職業や自己の将来に関する課題。生徒が自ら自身の将来を切り拓くための課題である。

　もちろんこれらは例示に過ぎない。学校や地域，生徒の状況，あるいは時代や社会の変化に対応した多様な課題を設定することが求められよう。

２．総合的な学習の時間の指導法

　指導法としては次の3点があげられる。すなわち，1）生徒の主体性の重視，2）適切な指導の在り方，3）具体的で発展的な教材である。

　まず，「生徒の主体性の重視」は総合的な学習の時間を指導する上で，もっとも重要されなければならない。教員が生徒をリードするのではなく，生徒が自発的に自主性，創造性を発揮できるような場を，教員が作り出す必要がある。生徒が自ら探究活動を行えるよう，教員が演出するのである。

　次に「適切な指導の在り方」とは，上とも通じるが，教員が適切に生徒の可能性を引き出し，それを伸ばすような指導を行うことである。探究が深まるよう，生徒の資料収集や分析を助け，的確な助言をすることが求められよう。

　最後に「具体的で発展的な教材」は，生徒の探究をさらに深めるために不可欠なものである。そのためには次の3点が求められる。1つには生徒の身近にあるもので，直接，また繰り返して経験ができる具体的な教材であることが求められる。2つには生徒の学習活動を豊かに広げ，深化させていく教

材でなければならない。3つには，社会や生活を多面的，多角的に考え，探究の対象を批判的に検討，分析することができる教材である。こうした教材を用いて指導することにより，総合的な学習の時間はさらに深化していくことになろう。

3．高等学校での総合的な探究の時間の特質

最後に高等学校の状況について簡単に説明しておこう。高等学校では「総合的な探究の時間」と名称が変更されている。「探究」が重視されているのは，中学校の「総合的な学習の時間」と同様である。だが，高等学校では，さらに「探究」を「自身の在り方生き方と一体的で不可分な課題を発見し，解決していく」活動としている。そのため，「探究」が高度化され，自律的に行うことが求められている。

探求の高度化とは，目的とその解決方法に「整合性」があり，適切に資質・能力を用いる「効果性」，課題を焦点化する「鋭角性」，さらに幅広い視野をもつ「広角性」によって探究を行うことである。また，自律的に行うとは「自己課題」を見つけ，自ら「運用」し，その結果によって「社会参画」しようとするものである。

以上のように高等学校ではさらに深化した「探究」が求められる。生徒の自主性を活かし，さらに分析的で多角的な視点で課題を解決できるような指導を心がける必要があろう。

参考文献
文部科学省（2018）『中学校学習指導要領（平成29年告示）解説 総合的な学習の時間編』東山書房.
文部科学省（2019）『高等学校学習指導要領（平成30年告示）解説 総合的な探究の時間編』学校図書.

（山田浩之）

新・教職課程演習　第21巻
中等音楽科教育，中等美術科教育，中等家庭科教育，中学技術分野教育，
中等保健体育科教育，高校情報科教育，中等総合的な学習／探究の時間

編著者・執筆者一覧

［編著者］

宮崎明世　筑波大学体育系准教授。**著書**：（共著）『体育科教育別冊26』（大修館書店，2015年）。（共著）『体育科教育学入門 三訂版』（大修館書店，2021年）。

岩田昌太郎　広島大学大学院准教授，博士（教育学）。**著書**：（共著）『教科教育研究ハンドブック』（教育出版，2017年），（共著）『体育授業を学び続ける』（創文企画，2015年）。

［執筆者］（50音順）

〔音楽科〕

伊藤　真　（広島大学大学院准教授）

上野智子　（和歌山大学准教授）

桂　直美　（東洋大学教授）

齊藤忠彦　（信州大学教授）

笹野恵理子　（立命館大学教授）

長谷川　諒　（神戸大学特命講師）

〔美術科〕

石﨑和宏　（筑波大学芸術系教授）

川崎　巧　（広島県立熊野高等学校教諭）

直江俊雄　（筑波大学芸術系教授）

永山良子　（広島市立江波中学校教諭）

蜂谷昌之　（広島大学大学院准教授）

三根和浪　（広島大学大学院准教授）

吉田奈穂子　（筑波大学芸術系助教）

〔家庭科〕

梶山曜子　（広島大学大学院生，福山平成大学・広島文化学園大学非常勤講師）

河村美穂　（埼玉大学教授）

小清水貴子　（静岡大学准教授）

椎谷千秋　（東京学芸大学大学院連合学校教育学研究科大学院生，東京大学教育学部附属中等教育学校教諭）

鈴木明子　　（広島大学大学院教授）

瀬川　朗　　（鹿児島大学講師）

詫間千晴　　（広島大学大学院生，広島県立尾道商業高等学校教諭）

竹吉昭人　　（広島大学大学院生，島根大学教育学部附属義務教育学教諭）

田中和江　　（淑徳大学非常勤講師）

中村誉子　　（広島大学大学院生，広島県立西条農業高等学校教諭）

〔技術科（中学校技術分野）〕

川路智治　　（広島大学附属福山中・高等学校教諭）

竹野英敏　　（広島工業大学教授）

堤　健人　　（山口大学講師）

道法浩孝　　（高知大学教授）

谷田親彦　　（広島大学大学院准教授）

〔保健体育科〕

岩田昌太郎　（広島大学大学院准教授）

荻原朋子　　（順天堂大学准教授）

齊藤一彦　　（広島大学大学院教授）

柴山　慧　　（広島商船高等専門学校准教授）

須甲理生　　（日本女子体育大学准教授）

西村三郎　　（平成国際大学講師）

濱本想子　　（名桜大学助教）

宮崎明世　　（筑波大学体育系准教授）

山平芳美　　（広島市立大学講師）

〔高校情報科〕

稲垣俊介　　（東京都立神代高等学校主任教諭，筑波大学・國學院大學非常勤講師）

向田識弘　　（広島大学附属中・高等学校教諭）

谷田親彦　　（広島大学大学院准教授）

吉原和明　　（福山大学助教）

〔総合的な学習／探究の時間〕

山田浩之　　（広島大学大学院教授）

尾川満宏　　（広島大学大学院准教授）

装幀：奈交サービス株式会社
DTP：片野吉晶

新・教職課程演習　第21巻
中等音楽科教育，中等美術科教育，中等家庭科教育，中学技術分野教育，
中等保健体育科教育，高校情報科教育，中等総合的な学習／探究の時間

令和3年10月15日　第1刷発行

編著者　宮崎明世 ©
　　　　岩田昌太郎 ©
発行者　小貫輝雄
発行所　協同出版株式会社
　　　　〒101-0054　東京都千代田区神田錦町2-5
　　　　　　　　　　電話　03-3295-1341（営業）　03-3295-6291（編集）
　　　　　　　　　　振替　00190-4-94061
印刷所　協同出版・POD工場

ISBN978-4-319-00362-4

新・教職課程演習

広島大学監事 野上智行 編集顧問

筑波大学人間系教授 清水美憲／広島大学大学院教授 小山正孝 監修

筑波大学人間系教授 浜田博文・井田仁康／広島大学名誉教授 深澤広明・広島大学大学院教授 棚橋健治 副監修

全22巻　A5判

協同出版